数字化背景下 篮球运动 教学与训练

SHUZIHUA BEIJINGXIA
LANQIU YUNDONG
JIAOXUE YU XUNLIAN

李 赫◎著

辽宁科学技术出版社
LIAONING SCIENCE AND TECHNOLOGY PUBLISHING HOUSE
·沈阳·

图书在版编目（CIP）数据

数字化背景下篮球运动教学与训练 / 李赫著. -- 沈
阳：辽宁科学技术出版社，2023.9（2024.6重印）
ISBN 978-7-5591-3177-5

Ⅰ．①数… Ⅱ．①李… Ⅲ．①篮球运动－体育教学－
计算机辅助教学②篮球运动－运动训练 Ⅳ．①G841.2

中国国家版本馆CIP数据核字(2023)第153775号

出版发行：辽宁科学技术出版社
　　　　　（地址：沈阳市和平区十一纬路25号　邮编：110003）
印　刷　者：沈阳丰泽彩色包装印刷有限公司
经　销　者：各地新华书店
幅面尺寸：170mm×240mm
印　　张：8.5
字　　数：120千字
出版时间：2023年9月第1版
印刷时间：2024年6月第2次印刷
责任编辑：孙　东
封面设计：徐俏俏
责任校对：修吉航

书　　号　ISBN 978-7-5591-3177-5
定　　价　60.00元
联系编辑：024-23280300
邮购热线：024-23284502
投稿信箱：42832004@qq.com

前言

　　篮球运动作为一种社会文化元素和文化载体，已经被赋予了经济、科技、信息乃至政治社会文化功能。在体育事业不断发展推动下，篮球运动技术也是日新月异。数字化时代，我国篮球运动水平明显提升，虽已成为亚洲一流，但与世界水平仍存在明显差距。要想进一步提升我国篮球运动水平，促进篮球运动各方面的价值发挥，就必须在篮球运动技术教学与训练方面寻求一些新的突破。充分重视篮球运动技术的教学与训练，增强技术和训练方面的理论研究和方法指导，这对提高篮球运动水平具有积极的推动作用。

　　本书紧密结合篮球运动的发展现状，探讨篮球技术与战术的教学实践内容。本书共七章内容，第一章概述了篮球运动；第二章探讨了数字化对教育的影响；第三章概述了篮球运动教学；第四章和第五章分别为数字化背景下篮球运动技术、战术教学与训练的内容；第六章为数字化背景下篮球运动游戏教学与训练的内容；第七章为数字化背景下篮球运动教学的考核与评价。本书内容注重理论与实践的紧密结合，力求内容丰富详尽，结构逻辑清晰，客观实用，对我国篮球运动的教学与训练具有一定的参考价值。

　　在本书编写过程中，参考和借鉴了一些国内外专家和学者的著作，在此向他们表示诚挚的感谢。由于笔者编写能力有限，书中内容可能会有疏漏之处，对此，希望业内专家学者、同仁及广大读者予以批评指导，以求本书能够得到逐步改善，从而实现其价值。

目 录

第一章　篮球运动概述

第一节　篮球运动的起源、特点与功能

一、篮球运动的起源

1. 篮球运动的诞生

球是人类社会文明发展中娱乐、游戏、比赛、健身的主要工具之一。据史料记载，我国在唐、宋时期就已有以球为中介物的各种游戏活动。当时球被称为"鞠"，当时的"鞠"是由各种材料做的球体，人们可以用手、脚或专门的工具去接触"鞠"。篮球运动是直接用手来接触球的，所以有人认为中国古代的"手鞠"与现代的篮球运动有密切关系。

现代篮球运动1891年发源于美国，其发明者是詹姆斯·奈史密斯（James Naismith）博士。詹姆斯·奈史密斯出生于加拿大，是美国东部马萨诸塞州斯普林菲尔德市基督教青年会干部训练学校的一名体育教师。他受当地儿童无意从树上摘桃子扔入桃筐的启发，设计了一种互相向桃筐内投掷皮球的游戏，所以最初美国当地人把篮球称为"奈史密斯球"或"筐球"。由于美国东部入冬较早，天气较为寒冷，学校的体育系主任卢瑟·古利克教授委托他设计了一项室内集体游戏，使学生能在室内进行体育活动。天气变冷后就将这一游戏从室外移到室内，在室内做此游戏时，奈史密斯就把篮筐悬挂在两侧离地面高约3.05米的墙壁上，由人数相同的两方学生展开攻、守对抗，将皮球向篮筐中投，投中的一方可以得一分。然后再重新抢球，抢到后再投。由于是向悬空的篮筐中投球，因此人们便形象地命名此活动为篮球游戏。现

1

在美国篮球名人馆内还存放着最初时期的球篮，它就像山区人用的背篓，挂在约3.05米高的健身房内看台的栏杆上。当游戏者把球投进篮内后，还需用梯子把球取出，再重新开始游戏。

2. 篮球运动的形成

篮球运动开始时是一种游戏，是没有明确规则的运动。游戏成为运动并非是自然的，游戏是游戏，运动是运动，各有特点，既有区别，又有联系。游戏是运动的雏形，运动是游戏的进步。很多体育项目都是由该项目的早期游戏演变过来的。早期的篮球游戏和今天的篮球比赛大不相同。早期的篮球是用足球代替的，场地的大小不等，活动人数不限，只是分为人数相等的两队，相互争夺，把球掷入对方的筐内，比赛以球进筐多者为胜。篮球活动最初在室内进行，室内墙壁可挂篮子。由于球投中后不便取出，很快就将篮筐的底部取消了。当在室外进行篮球活动时，为了防止球投到场外，耽误时间，就在篮子后上方增设了铁丝挡网或挡板，于是篮板就此产生了。

篮球运动诞生时正是欧洲工业革命时期，篮球游戏对抗激烈，运动量大，室内、室外都可以进行，很符合时代的步调。此游戏深受当时美国青年的欢迎，并在1891年12月25日的圣诞节举行有关活动，所以篮球界把这一天定为篮球运动的生日。为了避免粗野动作和伤害事故的发生，使游戏更规范化，奈史密斯在1892年制定篮球规则，包括5条原则和13条基本内容，并对设施、场地、球有了限定，至此现代篮球运动基本成型。篮球历史上的第一场正式比赛是1892年3月11日在青年会训练学校里举行的。比赛双方是奈史密斯等7名教师与培训班的几名学生，比赛分上、下两半时，每半时15分钟，中间休息10分钟，比赛结束时教师队以1∶5负于学生队。教师队唯一的一个球是由美式足球创始人史达科投中的。在此之前篮球活动都是由男士参加的。当年的某一天，奈史密斯老师正在体育馆里组织男子篮球比赛时，被附近白金汉小学的女教师看到了，由于好奇，她们常在吃午饭路经体育馆时观看男子篮球比赛。时间长了，她们成了观看男子篮球比赛的"常客"，通过观看篮球比赛对篮球运动产生了兴趣，也想参加篮球运动。就这样，几位女教师鼓足了勇气，集体去找奈史密斯老师，并直截了当地问："妇女是否可以参加？"从来没有考虑过此问题的奈史密斯老师，只好用既不肯定也不否定的口气进行了反问式的回答："为什么不可以参加？"在这样的情况下，奈史密斯老师就在体育馆里为白金汉小学的女教师成功地组织了一次正规的女子篮球比赛。比赛的一方是前述的白金汉小学那群女教师，另一方是白金汉小学的另一些女教师和速记员。据英文版《篮球运动起源》一书记载，她们就是奈史密斯先生发明篮球运动以后的第一批女篮运动员，其中一位名叫谢尔曼的运动员通过篮球运动结识了奈史密斯先生，由于志同道合，1894年6月他们结为伉俪，成为篮球史上一段传世佳话。

篮球运动的形成与发明者奈史密斯先生的初衷密切相关。他在发明篮球运动的过程中主要考虑到以下三个方面：

（1）新的竞技运动必须是"文明"的，严禁粗野的行为，以消除当时人们因体育运动粗野行为而产生的恐惧心理。

（2）新的竞技运动能弥补其他项目因季节、气候等自然条件的局限，不受这些因素影响，能在晚上和室内进行。

（3）新的竞技运动能使不同年龄、性别的人参加，而且特别吸引年轻人。

二、篮球运动的特点

篮球运动能成为国际大众性竞技体育项目有其独特之处，认识篮球运动的特点，对于学习、推广篮球运动和提高篮球运动水平十分必要。

1. 身高占优

篮球运动自诞生到现在，其基本的活动方式将篮球投入约3.05米高的篮筐内为目的，所以身材高大的参与者在投篮时手容易接近篮筐，进球的可能性就大；对抗时，身材高大的参与者，手能占有的空间也相对较大，获得和控制球的机会更多。所以高水平的篮球比赛被称为"巨人运动""巨人们的空间游戏"。

2. 动作灵活，技术多变，攻易守难

动作是人体运动的基本环节，是形成技术的基本因素，技术是动作合理的操作方法。篮球运动的球是由手来直接支配，手是整个人体运动器官中最灵活、最快捷、最精准的部位，用手直接去完成动作时，在方向、力量、速率、节奏性、精确度、突然性、可控性等方面都大大优于其他肢体。所以在比赛中，技术水平相近的两人进行角逐，往往进攻者容易成功。在篮球比赛中，技术的运用要随着比赛情况的变化及时、果断、快速地做出动作，以便争取主动、制约对手。随着运动员对篮球技术掌握的不同，在体现技术运用能力的动作中也有不同的变化。

3. 独特的时空对抗

在篮球比赛中，攻、守双方所采用的技术手段和战术阵形要将空中、地面与时间有机地结合起来。因为篮球比赛是向悬挂于3.05米高的篮筐投入篮球的比赛，队员之间转移球和获得球基本上是在空中进行的，所以控制空间的进攻与防守需要特殊的制空条件和制空能力。由于比赛规则中有对时间的特殊要求，主动控制时间捕捉战机就成为攻守的关键。进攻的需要保证攻击速度快，准确性高，进攻失误率低；防守要利用规则，积极采取各种防守手段和方法，尽快转守为攻。所以，瞬间快速、准确地围绕空间目标不断转换进攻，就成了篮球比赛中变防守被动为主动和积极掌握主动的重要保证。

4. 对抗激烈，娱乐性、观赏性强

篮球运动有激烈的对抗性，运动员要在全场内进行进攻与防守、突破与堵截、投篮与封盖、篮下争夺和空中拼抢，具有较强的身体对抗性。这种对抗对青少年的身体素质、技术，战术，篮球意识和比赛能力是一个良好的训练，更是对他们的人格精神和意志品质的良好锻炼。篮球是球的游戏，是以争夺球为中心的竞技游戏。游戏是人的天性，没有人会拒绝游戏。篮球运动与其他运动项目相比，形式多样，具有更强的参与性，趣味性，应变性，娱乐性和竞技性等，能满足不同人群的多种需求。篮球运动的形式可因人而异，运动量可随意调节，因此适宜各类人群的广泛参与。可以是3人的比赛，也可以是5人的比赛；可以是半场的比赛，也可以是全场的比赛。人们可以根据自己的爱好、条件去自由地选择参加；可以自由组合，自由搭配，组成一个球队来比赛。3人篮球就是最喜闻乐见的运动游戏。各类不同的参与者都能在活动场上找到展示自我的方式，满足自己的不同层次的需求。

在高水平的比赛中，比赛双方斗智比谋，比技赛艺，使篮球赛场千变万化，扣人心弦。相比其他体育竞技运动，更显示出自身的吸引力。攻防拼抢带来的刺激，比赛变化带来的激情，巧妙配合带来的合作享受，获得胜利带来的精神愉悦，吸引着广大群众积极参加篮球活动和观赏篮球比赛。

5. 规则定期修改

随着篮球运动员技能的不断提高、对抗性的激烈程度增加，为了促进篮球运动的健康发展，国际篮球联合会定期对篮球规则进行修改。规则的修改一般每四年一次，它在一定程度上促进了技术和战术的合理运用，保证比赛在公平、对等的条件下进行，限制了一些不道德行为的发生，对篮球运动技术水平的进一步提高起到了促进作用。

三、篮球运动的功能

1. 生理健身价值、功能

首先，篮球运动要求球员练习力量的抗衡、突然与连续起跳、敏捷的反应与快速奔跑，能够使机体各部分的肌肉结实且发展均称；其次，篮球运动作为一种高强度的对抗性运动，能够促进人体的新陈代谢，提高机体的代谢率，从而使各器官（血管、心脏等）的功能增强，并从根本上使人的体质以及抵抗力增强；最后，由于篮球比赛中所发生的情况具有极大的不确定性，因此，需要球员掌握各种协调的技术动作，与此同时，还需要他们具备随机应变的能力。所以，经常参加篮球运动，能够提高各感觉器官，尤其是视觉感受器的功能，另外，对促进动作精细化、提高分配与集中能力也很有帮助，而且对心脏时间、空间与定向能力也有良好的效果。

因为篮球运动所具有的特点，导致球员必须具备良好的动作速度、耐力、反应速度与柔韧等素质。另外，因为篮球运动是在快速奔跑中进行的，所以球员在跳跃、转身跨步、起动等动作中锻炼了各关节的韧带与肌肉，而这对提高柔韧素质有利。

2. 心理保健价值、功能

长期参加篮球运动的人，其个性与心理都会朝着更为健康、积极的方向发展。

（1）可锻炼顽强的意志

水平接近、争夺激烈，是现代篮球强队比赛的特点。由于双方球员均处于直接对抗的状况下，因此，他们除了要具备优良的身体素质、技术与战术素质之外，更重要的是应具备坚强的意志品质。想要获得比赛胜利，球员必须在对抗当中克服各种困难，而克服困难的过程就是锻炼其意志品质的过程。往往顽强的意志品质对比赛的最终胜利具有决定性的作用。

（2）可创造良好情绪体验

现代篮球运动具有观赏性与趣味性。通过篮球运动的锻炼，首先，能够调节情绪、振奋精神、增进快乐，从而使人变得更加自信、自尊、自强，而且还对神经衰弱等精神疾病患者有一定的治疗与改善作用；其次，能够使队友之间的感情变得更加紧密，交流变得更加频繁，这对一些不愿与人交往、郁郁寡欢或者时冷时热的人来讲，不仅能够改善他们的人际关系，还能够使他们了解、认识到自己的价值；最后，还能够使球员在比赛胜利之后体会到成就感，并使他们产生振奋、愉悦的幸福感。

（3）有助于塑造健全人格

篮球运动，从微观上讲，是群体中个体之间的技巧智能与身体冲击的直接对抗；从宏观上讲，则是群体的竞争。如果想要取得篮球比赛的胜利，就需要球员个性鲜明、敢于冒险、创新，并善于抓住时机与做出正确的观察判断，由此可知，篮球比赛是实现人个性自由发展的有效途径。另外，篮球运动还能够培养球员相互支持与团结一致的意识。

3. 社会价值、功能

（1）影响社会规范

所有参加篮球比赛的人，都必须要在比赛制约下活动，而贯穿比赛的体育道德精神对人的行为规范具有启蒙教育的作用，进而使人们获得对现代社会生活方式的演练与模拟，并且对人们形成文明、健康的社会行为习惯有帮助。

人性中存在着攻击性，而篮球运动能够使人的这种本性得到释放，与此同时，还能够在体育规则与道德精神的约束下，使人们能够在公平合理的条件中进行攻防对抗，并且让人们依靠智慧与技巧取胜，而不是通过不礼貌、不道德、粗野的动作来获得胜利。从深层次的意义讲，篮球运动还具有文化约束力。

（2）提升练习者的情商

篮球运动的统一性、对抗性与集体性规律显著，因此，在比赛过程当中，球员必须具备决断力，并能够做出有效的组合动作.在组合动作的实际应用中，由于比赛情况的不确定性，导致整个组合动作中会有很多不确定的成分，因此，球员必须具备随机应变的能力，而且比赛还需要他们能够创造出巧妙的动作以及配合。由此可知，篮球运动能够培养球员的良好心理承受能力、广泛的社交能力、充沛的精力与体力等，从而以较高的情商来面对生活、学习中的困难。

（3）增进国际交往和友谊

篮球运动在全世界范围内都比较受欢迎，因此，其已经成为各国之间相互交流的重要工具，并且还成了各国、各团体之间建立友谊、理解、信任与团结的方式。不同语言、肤色、国家的人们可以通过篮球这一世界通用的"语言"来进行交流，从而使人们的交往变得更加密切。

第二节　篮球运动的发展历史

一、篮球运动在世界各地的传播过程

篮球运动在美国发展很快，美国的青年在国际交往中把这项运动带到世界各地。世界各地的青年又把这一运动从美国带到了自己的国家。据考证，篮球运动是1895年冬由美国国家基督教青年协会派往中国天津青年会的第一任总干事来会里（David Willard Lyon）先生介绍传入中国的，然后相继在北京、上海等大城市的青年会中流行。我国是开展篮球运动较早的国家之一。

为了扩大影响，1904年在美国的圣路易斯市举办的第三届奥运会上，美国组队进行了第一次篮球表演赛。1908年美国制定了全国统一规则，并用多种文字出版，向全世界发行，促进了世界各大洲篮球运动的积极开展。篮球运动发展至今，国际篮球协会的会员国由8个增加到200多个。随着篮球运动在世界各地的蓬勃兴起，篮球运动这一体育项目的地位越来越高。

1915年在上海举行的第二届远东运动会上，篮球首次被列为国际体育竞赛的正式项目。

1930年举行第一次洲际篮球锦标赛。

7

1932年国际业余篮球联合会成立。

1936年在第11届奥林匹克运动会上，男子篮球被列为正式比赛项目。中国队也参加了这次比赛，从此加入了国际篮联。

1938年欧洲举行首届篮球比赛。

1949年美国成立"国家篮球协会"，同年举办美国男子职业篮球联赛（NBA），当时共有12支球队参赛。

1976年在加拿大的蒙特利尔举办的第二十一届奥运会上，女子篮球被列为正式比赛项目。

1990年国际篮联允许职业选手参加奥运会比赛。

至此，篮球运动已真正成为最受世界人民喜爱的运动项目之一。

二、篮球运动的发展过程

篮球运动的主要内容是篮球运动的技术、战术和比赛的规则。篮球运动的发展过程经历了以下几个时期。

1. 初创探索时期

1891年末，篮球运动诞生。为了使篮球比赛合理进行，1892—1893年，奈史密斯先生对比赛场地作了分三个区域的规定，对场地大小也作了规定。制定了13条比赛规则，主要规则是不准持球跑，不准有粗野动作，不准用拳击球，否则即判犯规。还规定，连续3次犯规判负1分；比赛时间为上、下半时，各15分钟；上场比赛人数逐步缩减为每队10人、9人、7人，1893年定为每队上场5人。进一步简化了比赛程序，特别是取消了篮圈的底部，使投入的球可以直接从篮中落下，不需要爬高取球。而且用铁制的篮圈取代了不同制作材料的篮圈，成型的木制篮板替代了铁丝挡网。至1915年在美国国内才统一了必须执行的比赛规则。此时攻守技术较简单，普遍是双手做几个传、投动作，竞赛中主要是以单兵作战为攻守形式，战术配合还在朦胧时期。由于篮球运动富有趣味性，迅速在美国各类学校中推广，并于1926年开始有了职业篮球联赛。在这一时期，篮球运动也伴随着美国文化、宗教的扩张，通过基督教青年会组织以及教师、留学生间的交往，先后向美洲、欧洲、亚洲、澳洲及非洲个别国家和地区逐渐传播。

2. 完善时期

经过20多年的逐步完善，从20世纪30年代开始，技术上出现单手投篮和行进间技术，并开始运用简单的组合技术动作，技术动作不断创新，动作速度加快，战术上单兵作战已较少见，进攻中多运用快攻、掩护、策应、突破分球等战术，防守开始强调集体性。人盯人、夹击、区域联防及混合防守等已被广泛运用。1925年前后，进攻和防守的5名运动员有了较明确的分工，中锋对中锋，后卫对前锋，各自盯住自己的对手。但前锋的职责是只管进攻投篮，不管退守；后卫的职责是只管防守抢截球，不管投篮。前锋和后卫很少全场跑动，只有中锋要攻守兼顾。以后又逐渐改为两后卫1人助攻（活动后卫），1人留守后场（固定后卫），两前锋也变为1人留在前场专管偷袭、快攻，1人退守后场助防。技术动作也有所发展，跑动投篮出现了单手、勾手投篮，立定投篮出现了双手胸前投篮，传球出现了单、双手击地传球，运球出现了两手交替运球躲闪防守和超越防守向前推进的技术。规则中增加了罚球区和罚球线，队员犯规4次即被取消比赛资格，犯规罚球可由队长指定任何一个队员主罚。比赛时间分为上、下半时各20分钟，中间休息10分钟。每次投中或罚中后，都在中圈跳球，重新开始比赛。为了适应并推动世界各国篮球运动的普及与提高，1932年6月8日在瑞士的日内瓦，葡萄牙、罗马尼亚、瑞士、意大利、希腊、拉脱维亚、捷克斯洛伐克、阿根廷这8个国家的代表通过商讨，成立了"国家业余篮球联合会"。会上以美国大学生篮球竞赛规则为基础，初步制定了国际统一的13条竞赛规则。1936年第十一届奥运会时，篮球运动被列为男子正式比赛项目，国际篮联对比赛规则作了统一规定，制定了国际统一的篮球规则。进入20世纪40年代后，随着篮球技术、战术的不断发展，高大队员的出现，篮球规则进行了补充和修订，从此篮球运动进入了完善、推广的新时期。

3. 成熟时期

在1952年和1956年第十五、十六届两届奥运会的篮球比赛中，身高2米以上的运动员开始增多，国际业余篮球联合会曾两次扩大篮球场地的"限制区"（也称"3秒区"）；还规定，一个队控制球后，必须在30秒内投篮出手。1960年第十七届奥运会后取消了中场线，终止了有关10秒和球回后场的规定。1964年第十八届奥运会后，又恢复了中场线，这些规定又继续执行。1977年增加了每队满10次犯规后，在防守犯规时罚球2次，防守投篮时犯规两罚有1次不中再加罚1次的规定。1981年又将10次犯规后罚球的规定缩减到8次。很明显，人员的变化和技术、战术的发展引起了规则的改变，而规则的改变又促进了人员和技术、战术的进一步发展变化。特别是20世纪50年代后期，规则的改变对篮球比赛的攻守速度，对运动员的身体、技术、战术以及意志、作风等各方面都不断提出新的更高的要求，促进了篮球技术水平的迅速提高。女子篮球比赛是1976年第二十一届奥运会上才列为正式项目的。由于篮球运动进入奥运会，在世界体育中的地位得以提高，世界各地篮球运动比较盛行，所以进入20世纪50年代，技术上出现了高度、力量、速度、技巧相结合的全面化技术。进攻战术上以高大中锋强攻篮下和快攻为主要形式；防守战术主要以区域联防和全场人盯人紧逼较为盛行。

到了20世纪70年代，技术趋于技巧化，个人攻击力加强，防守能力提高。单一固定阵式的进攻战术打法已被综合移动进攻战术所取代，攻击性、破坏性更强的集体防守被广泛运用。

4. 创新时期

进入20世纪90年代，国际奥委会允许职业篮球队员参赛。特别是1992年在西班牙巴塞罗那举行的第二十五届奥运会上，以美国"梦之队"超级明星为代表的现代篮球技巧表演把这项运动技艺展现得更加充实、完美，战术打法更为精炼、多变、实用。由此，篮球运动发展进入了创新、攀登，寓竞技化、智谋化、技艺化于一体的新时期。标志着当代篮球运动的整体内容结构和优秀运动队伍综合智能与技能、身体与体能结构，以及运动员个体的体能、智能与掌握和运用篮球技术、战术的能力结构发生了质的变化。为此，1994年国际篮球联合会因运动员制空能力增强，空间拼抢激烈，对篮球竞赛规则又作了修改，以使比赛的空间争夺更激烈、更合理、更安全、更具有观赏性。由于运动员身体高度的普遍增长，制空争夺更激烈，便对篮板周边缩小，并增加胶皮保护圈。至1999年12月，又决定从2000年奥运会后开始实行一些新的规定，如比赛分为4节，每节比赛时间10分钟；各队每节如达到4次犯规，对以后发生的非控制球队犯规将处以2次罚球；将球队每次进攻的时间从30秒钟缩短为24秒；球由后场进入前场的时间限制从10秒缩短为8秒；奥运会和世界锦标赛可以实行3人裁判制度等。2008年北京奥运会后，国际篮联又对篮球规则进行了部分修改和补充。随着篮球运动的发展，篮球规则还将不断有新的修改，篮球运动的水平围绕着时间、空间、速度、高度，以及强化技艺、谋略和激烈对抗等技术、战术将向更高层次发展。篮球运动的艺术观赏性也将逐步提高。

第二章　数字化对教育的影响

第一节　数字化对教学环境的影响

一、线上环境的加入

互联网正以加速度冲破教室、教学楼以及其他实体空间距离的限制，将知识传播到更广泛的人群之中。线上环境的加入对建立在工业革命基础之上的整个现代教育体系及教育方法，都构成了巨大冲击。线上环境在教育领域中主要指的是网络教育教学环境或数字化教育教学环境。线上环境是充分利用现代数字化信息技术所建立的教学综合运用展示平台，可以通过网络技术对教育教学资源进行优化整合。线上环境在一定程度上突破了传统教学模式上时间与空间的限制，呈现出一个高度自主、资源丰富、个性化特征凸显的教育教学环境。中国教育信息化创新与发展论坛的会议报告中提道："未来的教室是云端教室，包括电子课本、电子课桌、电子书包、电子白板，通过多维度的交互满足学生的个性化学习。"线上教育环境将成为教育领域的发展方向。数字时代的教师们被要求迅速适应线上教育的发展趋势，学习和掌握适宜的信息化教学技术，为学习者提供一个智能化的、数字化的、交互式的线上媒体环境，最大限度地满足个性化学习需求。

二、线下环境的变革

线下环境，主要指课堂教学环境。早在春秋时期，人们就已经开始使用教室或书塾等固定空间作为教学环境。人类社会出现院校制教育后，黑板、粉笔、课桌、课椅等一度成为面授环境中的标准配置。随着多媒体技术、移动技术、网络技术等多语言媒体技术的发展，教室里陆续出现了投影仪、多媒体系统等。自20世纪60年代末以来，课堂环境作为影响有效教学的重要因素，一直是学术界关注的热点。课堂环境是决定学生发展的潜在因素，其具有学习环境的普遍特征，是任何希冀于提高教育教学质量的研究者都不能忽视的因素。智慧教室是线下环境教学改革的热点问题，其实现了课堂环境由传统教室向数字教室的升级。

1. 智慧教室的概念

随着我国教育体制改革的不断深入，先进的信息技术被应用在教育行业，逐渐形成了一种创新型教学空间，即智慧教室。智慧教室改变了传统教学模式，促进了教学目标的实现。智慧教室在应用的过程中可以划分为不同层次，主要为感知层、网络层以及应用层，可以有效提高信息设备的感知能力，根据协议接入网络。与传统教学空间相比，智慧空间具有优化呈现教学内容、灵活改变教室布局、便利获取学习资源、满足课堂教学的及时深度互动、教室情境的适时感知与检测等特点。

2. 智慧教室的功能

（1）激发学生的学习动力

学生的学习动力是在学生与自我、与他人、与环境的交流中产生的，是一种学生自身需要的内部动力，具有一定的驱动效应。提高学生的学习动力需要利用问题情境，诱发学生的认知冲突。当现有知识无法理解新内容时，就会产生学习的需要。在互动教学中，教师可以使用智慧教室中的显示设备创设相关问题情境，学生现有知识不能够解决问题时，就会激发学生的学习动力。学生为解决问题，与他人产生互动，在互动的过程中分享自己的新知识并借助他人力量获得自己想要的知识，达到彼此之间的互相帮助。不同学生有不同的思维方式和知识水平，学生在交流互动中进行思想碰撞，既能够开拓思维，又能增强学生独立思考的能力。

（2）营造师生平等、学生为主的学习环境

传统课堂中一对多的授课形式使学生和教师处于分离位置，教师占据教学的优势地位，学生从情感上对教师产生畏惧，在课堂上不敢或不愿表达自己的想法。学生的学习过程基本是接收教师传递的信息并服从教师的教学安排。智慧教室为师生缔造了平等的教学环境，教学方式由教师讲授变为教师指导学生学习。教师是引导者，学生是学习的探索者，成为学习的主体。师生在讨论互动中共同营造一种平等的良好氛围，培养学生良好的人文素养。

3. 智慧教室的主要技术

（1）基础设备

智慧教室里需要承载课堂教学的全过程，桌椅、展示、记录等基础设备不能缺少。智慧教室灵活的座位布局为学生之间线下的互动提供场所，方便学生的会话交流。智慧教室中丰富的跟踪设备和录播系统为整个学习过程提供技术支撑，促进教学中的协作学习和线上互动。同时智慧教室提供多种内容展示设备，有助于构建现实情境，为学生的知识学习和意义建构提供了良好的环境。

（2）交互触屏设备

交互电视是智慧教室里非常吸睛的设备。交互电视的优势包括以下内容：一是从尺寸上超越了之前的投影设备，学生在教室的任何角度都可以清晰阅读正在显示的课程信息；二是交互电视具备良好的人机交互性能，服务功能较多，如支持互动交流及在线教育等功能；三是交互电视可以随时保存电视显示的课堂内容，随时连线利用教学资源。在课堂教学中，通过定时将教学中的难点与重点显示出来，实现人机触摸交互，让学生真正体会到互动乐趣。

（3）物联网

物联网是利用传感器来采集信息，所采集到的信息要同物联网上不同端口有效融合，从而形成一个能够互联的网络，实现实体空间内物与物、人与物的连接，进而提高教学智能化程度。物联网能够通过传感器来有效管理学生，优化教学环境，提高教学水平。

第二节 数字化对教学资源的影响

一、微课的应用

1. 微课的起源

2009年，名为"微博"的新浪社交平台进入了人们的视野。随后，微博的注册用户迅速上升。微博的东风吹来了"微"观念的普及，也催生了很多新鲜事物，"微小说""微电影"等相继出现，人类悄然进入"微"时代。在这样的背景下，"微课"一词应运而生。与传统的教学视频资源相比，微课具有短小精悍、主题明确、针对性强等众多优点。微课不仅照顾到学习者的"注意力限量"，而且顺应时代的"微"要求，为移动学习、在线学习、混合学习等提供了更大的便利，更加贴合广大学习者的实际需求。所以微课受到了越来越多教育工作者的关注和研究。

2. 微课的理论基础

（1）掌握学习理论

美国心理学家布鲁姆提出了掌握学习理论。该理论认为只要给学习者提供及时的反馈、个性化的帮助以及足够的学习时间，多数学习者都能够获得良好的学习成绩，最终达到预期的学习目标要求。根据掌握学习理论，学习者之间的能力差异并不像我们想象的那么大。学习者之间的能力差异不能用于决定他们要学习的内容和学习质量的好坏，只决定着学习者需要花多少时间才能掌握所学习的内容。也就是说能力强的学习者用较少的时间掌握所学的内容，而能力弱的学习者花较多的时间同样可以达到相同的掌握水平。所以教师要做的是确定学习者要达到怎样的教学目标以及判断学习者是否达到了教学目标。微课可以很好地实现这一教育理念。学习者无论能力如何，学习速度快慢，都可以反复观看视频，所以微课给学习者提供了足够的学习时间保障，可以使学习者达到教学目标所要求的知识掌握水平。

（2）认知负荷理论

澳大利亚教育心理学家John Swlder于20世纪80年代提出了认知负荷理论。该理论关注学习者在学习过程中产生的认知负荷，认为工作记忆容量的有限性是人类学习的主要障碍。该理论主要研究如何通过教学设计减少学习过程中的认知负荷，使工作记忆的容量更多地集中在将要学习的材料中，从而促进学习。根据认知负荷理论，内部认知负荷是由学习材料的复杂程度和学习者的专业知识决定的，教学设计不能对此产生影响。而外部认知负荷和关联认知负荷都受控于教学设计。为了促进学习的有效发生，在教学过程中应尽量减少外部认知负荷，从而使总的认知负荷不超出学习者的承受范围。微课作为学习材料时，其短小精悍和富有针对性的教学设计特点能够很好地解决学习者的认知负荷问题，帮助学习者减少无关认知负荷，从而促使学习者的认知负荷保持在允许范围之内，进而促进学习的有效发生。

3. 微课的类型

（1）讲授型

此类型录制时主讲教师入镜，这是现在微课呈现形式最常用的一种。教师基于固定场景通过语言描述向学生传授知识。这种形式对后期的剪辑要求比较高，需要配套好丰富的素材，否则整个视频会使得观看者感觉沉闷呆板。

（2）问答型

此类型录制时两人入镜，一名教师与一名学生相互配合，以你问我答的谈话形式引导观看者获取知识。此种形式对脚本编写的要求很高，教师需要有丰富的教学经验，能够整理出相关知识点的常见问题，并按照一定的逻辑顺序编写入脚本中。问答要逐步引人入胜，知识传递做到深入浅出。

（3）讨论型

此类型录制时多人入镜。人员组成可以是教师与多名学生或者教师团队。呈现形式类似于访谈节目，多人围绕一种中心问题发表各自的意见和看法，相互启发，集思广益，生动活泼地开展学习活动。

（4）表演型

此种录制人员根据脚本灵活设定。表演型是进行情境教学的有力辅助资源，录制人员通过对教学内容进行情节性的表演和在线，帮助学习者代入角色。

二、VR的应用

1. VR的概念

VR，源于英文virtual reality，中文名为虚拟现实技术。虚拟现实技术是20世纪末发展起来的涉及众多学科的高新实用技术，是顺应信息化时代的创新技术，是虚拟与现实的结合。虚拟现实技术是一种依靠计算机来创建虚拟世界并且与之进行人机交互的计算机技术。它使用计算机生成一种高度模拟现实的虚拟环境。虚拟现实技术在硬件上主要通过传感器头盔和数据手套等辅助工具与虚拟空间对接，加强用户对虚拟空间的感知并增加对其的控制，产生一种身临其境的感觉，大大丰富了我们的听觉、视觉、触觉感受。VR拥有更为贴近的带入感和融合感，可助推各行各业的技术进步和发展，是实践创新的精彩呈现。随着计算机技术的不断进步，虚拟现实技术在教育教学、林园景观漫游、影视三维、建筑效果等领域带来了全新的体验，应用前景十分可观，大大丰富了人们的物质文化生活。

2. VR的特性

（1）沉浸性

沉浸性是指虚拟现实技术，它允许用户沉浸在虚拟构造世界中，产生像现实世界一样的感受，其中包括身体与心理的。通过对模型组建，用户可以获得身临其境的视觉感官新体验。通过音频的保存和编译，让用户在听觉上反映事物本身属性，数据手套的功能是通过数据手套让人能感受到对虚拟物体的触觉。这一特性可以积极地引入教育领域，帮助构建教学情境，提升学习者的体验感。

（2）构想性

构想性是指虚拟现实技术给用户提供广阔的可想象空间。通过场景的建模对真实环境的模拟，让用户能在虚拟环境感受到真实环境的事物，真实感受到环境以及事件发生的过程。同时也可以根据人脑的想象和构思，对自己构想的事物进行场景和角色的建模，把自己想象的事物反映出来，变成具体可供分享的事物。这个过程让想象得到释放，并且可以方便地与其他用户一起研究并对猜测进行验证。有一部名为《异度空间》的科幻片，片中把虚拟现实技术的构想性发挥到了极致。主人公每次进入梦境后，就会进入一个想象空间，想象空间与真实空间完全一致，其中的人物一切按照社会规律生息运作。观影至最后，有一种虚拟与现实"傻傻分不清楚"的迷失感，可见虚拟技术构想特性的强大。

（3）交互性

交互性是用户通过对计算机的控制来操控虚拟物体，同时虚拟物体给以一定的反馈。虚拟空间不像视频、图片那样单一地由计算机向用户展示，可以通过鼠标、键盘、数据手套等工具对计算机发出命令，在虚拟空间做出立体的符合命令的动作。这一特性在职业教育领域应用广泛，例如汽车维修，学习者可以进入虚拟空间对待维修车辆进行剖离，也可以使用正确的工具进行组装或拆卸。

3. VR在教育中的应用

（1）应用背景

在现代教育技术的发展史上，我们经历了基于广播电视的远程学习D-Learning、基于电脑和互联网的电子学习E-Learning，以及利用现代通信终端设备进行移动学习的M-Learning阶段。这些教育技术的发展，分别实现了教师与学生的时空分离、远程的面授教学、随时随地进行自由的学习等教育改革，是信息时代新技术对传统教育一次又一次的冲击。而基于虚拟现实技术的V-Learning也将带来教育界的新革命。

虚拟现实技术源于娱乐，发展于娱乐，如何使它适应教育需求呢？学校是激发学生创造力的地方，课堂是活跃学生思维能力的空间。如果把虚拟现实技术带入学校，引进课堂，帮助学生更好地接受教育，那么这项技术就更显价值。教育结合虚拟现实技术即VR+教育，在不久的将来，VR在教育领域会挖掘出巨大的潜力，推动教育教学的不断发展。再经过几十年的发展，随着VR技术的不断成熟，VR设备功能的不断完善，VR内容的不断丰富，VR+教育将成为教育领域的发展趋势。给孩子配备一台VR设备就可以让自己的孩子"进入"世界上最好的学校，接受最优秀的老师授课，感受最真实的知识世界，很多家长应该是乐于接受的。利用VR技术，对于教育行业的作用更多的是一种对感知的增强，让学生沉浸于虚拟世界中，以个性化的方式去体验、去学习、去建构属于自己的知识体系。

（2）VR在教学中应用的常见方式

VR根据与眼睛由近到远的距离划分3种不同的呈现方式：头戴式（head-attached）、手持式（hand-held）、空间展示（spatial），其中前两种在教育领域的应用较为广泛。

头戴式虚拟现实显示设备一般包含显示器模块、位置跟踪模块、数据感应手套和其他设备等，一般以VR眼镜形式出现：有独立带显示器的R眼镜和分体式需要嵌入手机的VR眼镜。学生使用VR眼镜进行体验式学习时具有置身真实情境的沉浸式感觉，让书本中的知识变得立体形象可触摸、可互动、可感知。例如讲解天文课程时，语言和文字难以详细描述宇宙太空星际运行的状态，如果借助VR眼镜等设备，学生就可以全方位任意距离观察行星、恒星和卫星的运行状态，观察每个行星的地表和内部结构，甚至可以降落在火星或月球上进行"实地"考察、体验星际之旅等。

手持式VR设备多采用APP软件嵌入移动设备的方式，众多教学内容和资源融入APP当中，让学习者在一个鲜活和互动的环境中进行学习。VR显示特别适合儿童教育，如科学原理演示、空间认知、形象字词记忆、益智游戏等方面。

（3）VR在教学应用中的优势

①VR技术能为学生创造自主学习的环境条件

VR技术能让用户拥有独立自主性，将教学内容融入互动媒体，每个学习者在使用的过程中都会因为交互的反应不同而有不一样的学习体验。教学过程的多元化吸引了学习者反复操作而不至于厌倦，也避免了教学过程中教师对所有学生都是千篇一律的教学方式。学生在课堂中未能掌握的知识点，可以在课后使用VR设备进行复习，例如机械维修课程、化学试剂课程的温习，VR技术大大加强了对知识的理解和巩固。VR设备非常贴合时下热度很高的"翻转课堂"和"微课导学"的教学形式，让学习内容变得丰富且充满吸引力，教师从传统的基础性的解释工作，转变为针对性的答疑。

②VR技术为学生提供真实的情境

如果课程内容难以通过语言和文字进行良好的表达，再受制于学习者理解能力的不一，教学效果就会产生很大的差别，也就更加凸显了不同区域人们的教育不公平现象。VR技术辅助传播知识内容的话，其空间立体效果和交互形式的呈现可以改变这样的状况，把文字知识立体形象化展示，相比以往靠想象事物的方式，直观呈现真实的情境可以帮助学生对知识的理解和记忆。VR技术可实现多种感官一体化的感知效果，真实的情境体验、跨越时空游历、媒体交互的感受能使学生如身临其境般在知识的海洋里遨游。

③VR技术利用虚拟空间弥补物理空间的不足

我国地域辽阔，地区间贫富差距较大，在教学资源分配上难免有不平衡。学生所遭遇的不只是教育相关资源的不平等，还有围绕在教育和生活周边的整体性的缺乏。偏远地区的学生在学习书本上的知识时，很多都是停留在字面概念或者是图片视频层面，信息印记单薄。VR的虚拟空间，正在消解这部分空间限制。

④VR技术提升学生的学习兴趣

VR技术提供的真实情境不仅能激发学生的学习动机，更能给学习者创造亲身观察、操作的机会，这对于加速学生对知识的加工和建构过程具有非常重要的作用，形象化展示有益于学习者的深层次理解。VR技术教学中，生动的场景、新颖的方式、丰富的内容和极具趣味性的交互，让兴趣成为学生的老师。

三、AR的应用

1. AR的概念

增强现实技术（augmented reality），简称AR技术，是虚拟现实技术的延伸，是在虚拟现实技术的基础上发展变化而来，可以将计算机生成的虚拟图像实时地、动态地衔接到用户所看到的真实世界中，把原本在现实世界受时空范围限制而不能轻易体验到的实体信息（听觉、味觉、视觉信息、触感等）通过相关设备等科技模仿拟真后再叠加、补充到真实世界，让使用者在同一个空间场景中感受到虚实共存，从而达到"增强"现实的感官体验。除了具备虚拟现实具有的特点之外，增强现实技术更强调虚拟世界与现实世界两者信息的融合，并及时更新实时动态。

2. AR的发展

介于虚拟环境和真实环境之间存在着"混合"环境，在这其中更加接近于真实现实的部分，即为增强现实。而这种通过计算机技术创造各种虚拟的对象来"加强"真实环境的技术，即为增强现实技术。虚拟现实技术是一种综合性较强的新兴技术，它容纳了多个学科门类的知识，包括计算机图形学、通信技术、计算机硬件、计算机软件开发、计算机视觉、人机交互技术等。增强现实技术研究始于20世纪60年代。美国学者Ivan Sutherland和他在哈佛大学、犹他州州立大学的学生共同发明了一款头戴式显示器，并在随后的研究中实现了第一个增强现实系统，该系统借助2个六自由度跟踪器即机械跟踪器、超声波跟踪器进行跟踪注册，这是早期增强现实系统的实现方式。Ivan Sutherland在IFIP会议上作了题为"Ultimate Display（终极的显示）"的报告，首次提出了包括具有交互图形显示、力反馈设备以及声音提示的虚拟现实技术的基本思想，提出了把计算机屏幕作为"观看虚拟世界的窗口"，用来描述计算机图形的显示系统，让用户犹如置身于虚拟现实世界之中，因而，他被学界尊称为虚拟现实之父。从此，研究人员正式开始了对虚拟现实系统进行研究探索的征程。1975年，Myron Krueger制作出首个可以让虚拟物体和真人交互的AR系统。波音公司在20世纪90年代初开发出了一套帮助工人组装电缆线路的系统。1997年，北卡大学的R.T.Azuma提出完整的增强现实需要具备3个必不可少的特征，即现实与虚拟的融合、实现实时的交互、三维空间的注册。随着电子信息技术、计算机技术和三维图形技术等众多技术的持续发展革新，AR技术的3个特征被一一实现且合理链接。增强现实的含义逐渐完善后，迅速与航天、医学、通信、教育等领域进行了融合，AR走上了快速发展的道路。

3. AR的特征

（1）增强虚实结合

增强现实技术利用计算机图形技术生成的虚拟信息，借助传感技术将虚拟信息准确"放置"在真实场景中，通过显示设备将虚拟信息与真实环境融为一体，并呈现给用户一个虚实结合的真实的新环境。AR技术将虚拟教学资源和真实世界的学习进行目标融合。AR技术还原展示物体的三维信息，增强了学习者待学习的目标，让学习者对学习环境有了新的感知，有效辅助相应的学习者学习。

（2）增强实时交互

交互从精确的位置扩展到整个环境，从简单的人机交互发展到将用户融入周围的空间与对象中。增强信息不再是独立的一部分，而是和用户当前的活动成为一体。交互系统不再是具备明确的位置，而是扩展到整个环境。

（3）增强图文表达

学习者借助AR技术来识别需要学习的目标物体。然后，通过虚拟教学资源模型和多种信息技术资源作辅助把增强现实教学资源显示在移动设备屏幕上，增强对图文的理解，方便学习者在课堂外或场地外开展个性化学习。

（4）增强空间位置信息

增强空间位置信息即根据用户在三维空间的运动调整计算机产生的增强信息。以头盔显示器为例，增强现实技术所生成的增强后的信息与用户实现精确"对准"，用户移动或转动头部时，视野随之变动，AR系统生成的增强信息也随之变化。这是借助三维环境注册系统实现的，系统实时为计算机添加增强虚拟信息在真实世界中的位置提供数据，以确保增强虚拟信息能实时显示在显示器的正确位置上。

4. AR的关键技术

（1）跟踪注册技术

跟踪注册技术是实现三维匹配的基础。首先需检测客体的特征点及轮廓，并转化为二维或三维的坐标，最终在正确位置实时显示，完成三维注册、匹配。跟踪注册技术依据跟踪对象可分为两类。对象一为摄像设备，又可进一步分为基于硬件传感器、基于计算机视觉，后者的精确度相对较高。对象二为人，即把用户及用户周边信息作为跟踪对象。而实际上，为保证系统的精确度和更广泛的使用范围，避免外界环境对系统的影响、干扰，一个AR系统中往往会用到多种跟踪注册技术。

（2）显示技术

AR系统所采用的显示技术，根据成像原理的不同可分为视频式、光学透视式和投影仪式。视频式的优点为叠加场景的图像质量高，但缺点为复杂的处理过程可导致最终呈现的叠加场景较真实场景延迟。光学透视式使真实和虚拟场景在镜片上进行融合。投影式技术成本较低，但易受环境干扰。

显示设备与VR设备类似，可分成头戴式显示器和投影式显示器。头戴式显示器适宜于单人沉浸式的学习。投影显示器可将虚拟场景投射到大范围环境中，且投射焦点与用户视角无关。

（3）智能交互技术

实现交互需求的硬件设备包括鼠标、手柄等硬件。对应虚拟场景中的某一坐标，真实场景中的硬件操作反映于虚拟场景中该点的行为。

5. AR在教学中的应用价值

AR在教学的过程中，突破时间、空间以及其他客观因素的约束，能将抽象的学习空间和参照模型以更具体的、直观的方式展现给学习者，增强学习者的感知能力。AR让在空间认知方面有困难的学生从二维环境中感知三维事物，从而激发学生对学习的兴趣，通过技术的方式给学习者创造一种沉浸和体验的学习环境，以此促进学习者的学习和知识的建构。AR作为对国内外主流的教学形式的补充，不仅为教学形式的多样化提供了更多的可能，而且给教学设备和理论的开发者提供了可靠的理论依据和丰富的实践经验。

第三节　数字化对教师能力的影响

一、对教师定位的影响

数字化时代对教师的定位远超知识复制传播这样的低端层次，要满足当今的高教岗位需求，老师们不仅要有本专业过硬的知识积累，还要能依托信息化教学手段设计合理可行的解决方案和教学活动，并予以实施和评价等。

1. 教师是课程的设计师

课程的设计是教学的首要环节，是影响教学效果的关键因素。对于教师而言，上好每堂课的前提就是做好教学设计。想要做好课程设计，教师就需要考虑授课对象的特点和需求、授课目标、授课内容的选择等，做好课程的掌舵者。首先，教师要根据教学目标与内容对网上的信息进行加工，不能贪图省事照搬照抄。其次，教师需要借助平台建成学习资源库或与学习相关的链接，为学生提供可获取资料的便捷路径，提高学生的学习效率。再次，通过布置任务、讨论或作业的形式，引导学生独立思考记忆，积极参与讨论，使其成为学习的主动者，并提高其分析问题与解决问题的能力。最后，教师要能够高质量地完成学生成果的批阅与总结，以便对学生进行良好的反馈。

数字时代的到来，为教学提供了多种适宜的信息化技术，包括存储技术、数据分析技术等。新技术可以胜任课堂教学中那些机械性强、重复性较高的工作，把教师从批改作业、成绩清算等常规而又费时的工作中解脱出来。目前，课堂教学中应用的数字化技术主要有智能存储技术、语音识别、图像识别、人机交互等。语音识别技术能够辅助教师进行口语教学，而且发音比教师讲得更标准地道；图像识别技术可以帮助教师进行作业批改、成绩登录等工作；人机交互技术则能够在教师不方便之时，帮助教师对学生进行在线答疑。因此，人工智能技术可以使教师摆脱重复的机械劳动，减轻教学负担，这样既有利于教师将更多的精力放在学生身上，促进学生更好地学，又有利于教师自身专业能力的提高，使得他们有时间丰富自己的知识结构、创新教学方法，更好地承担起"传道授业解惑"之重任。

2. 教师的角色趋向多样

传统的课堂教学一般是在固定的场所，突出特征是以教师讲授为主。在数字化时代，任何人都可以借助互联网，通过电脑或者手机，搜索自己想要获取的资料或信息，在这种情况下，教师不再只是站在讲台前面的那个人，也不再是传统意义上教学知识权威的唯一来源，教师角色正在逐步面临去中心化倾向。但是这并不代表教师职业可有可无，相反教师职业变得更为重要。正如"第三空间学习"的创始人Tom Hooper提及的那样："教师不会被人工智能替代，相反，会得到人工智能的支持，促使他们成为更优秀的老师。"人工智能时代，教师的职业功能将会进一步转变，产生多样角色。比如，不需要教师掌握所有的知识，但是教师必须要掌握获取信息的能力；再比如，教师不一定都要精通所有技术，但是一定要具备懂得应用技术的方法。对教师能力需求的变化催生着教师角色的转变。教师角色的多样性包括：其一，在人工智能技术的渗透或催化下，教师需要实现从"教书匠"向高水平的"引导者"转变。教师要转变传统的单纯传授知识的教学模式，力求在课堂教学过程中成为学生学习的引领者，让学生知晓学习的技巧，启发学生自主思考。其二，教师要成为终身学习者。人工智能时代的教师不仅仅是教育者，更要成为终身学习者。人工智能时代，知识的更新速度已经超乎每个人的想象，教师只有一直学习，时常反思，才不会被时代抛弃。其三，教师要成为行动研究者。人工智能时代，教师会遇到各种各样的新问题，不断出现的问题会敦促教师必须成为研究者，然后从实践中不断总结经验教训。

二、对教师教学理念的影响

1. 教学理念的更新

观念是实践的先导，理念更新才会带动实践。教学理念的更新其实就是教师对教学和课程本质的新认识、对教学过程的新认识以及对教学中学生和教师地位的新认识等。数字化时代的教学模式以"学"为中心，衡量一位优秀教师的标准不再是教给学生多少知识，而是学生能够自主自发地学习多少知识，由此改变了传统的课堂教学以"教"为中心的教学观念。

2. 学情分析理念的更新

准确的学情把握是实现教育目标的前提。传统教学过程局限于教师与学生的沟通方式，学情反馈不足，教师不能够知悉真实学情。数字化时代教师可以通过平台数据对学生的课程学习情况开展研究分析，收集多层面的数据，通过深入分析，掌握学员个体和班级群体的学习特点和需求，把握教学改革的精准性，真正实现"以学生为中心"的课程教学，获得更好的教学成效。

3. 教学内容理念的更新

教学内容更新的一个重要特点就是与前沿接轨。教学内容更新，就必须立足于让学生掌握最新的知识体系和最新的知识发展动态上，使学生的知识层次和结构能尽可能地接近或同步于当时最先进的科技水平。目前随着信息科技水平的不断提高，教育的课程内容稍显滞后。那么，面对时代对学生创新素质发展提出的迫切需要，要实现学校的课程创新，教学内容就必须要体现出时代性和全面性的特点。教育技术的引入，通过对信息资源的设计，改变了原本封闭和凝固的教学内容，使教学内容出现了根本性的变革。

4. 教育技术理念的更新

数字化时代对老师的要求很严苛。以前，多数学校都是专设教育技术部门，由专职人员提供技术支持服务。现在，教师如果缺少教育技术理论的指导，就很难选择适宜的技术对教学内容进行支撑和评估。传统教学受技术条件的限制，优秀的教学设计无法得以施展。现代信息技术使得"混合式教学"成为现实，现代信息技术为教学设计提供了手段支撑和广阔的平台，因此，教育技术理念的更新也是教师理念更新的重要组成部分。

三、教师能力的改变

心理学认为，能力是促使活动顺利完成的个性心理特征，能力直接影响活动效率。教师作为教学任务的主要承担者，教学能力的高低很大程度上决定了教学质量，也决定了能否培养出复合型的优秀人才。因此，在大数据时代背景下剖析和界定教师的教学能力是非常重要的课题。

传统的教师教学能力主要包括教学基本技能、教学组织能力、教学管理能力、教学方法能力和教学实施能力。然而，数字化时代的到来使得教师应具备的教学能力发生了巨大改变。新复合能力主要包括岗位意识、整合能力、实施能力、研究能力、创新能力。

1. 岗位胜任力

为什么要做教师？教师是干什么的？怎么去当一个好老师？什么样的能力可以实现好的教学？这些问题，在踏上讲台之前要思考，在执教的过程中也要不断反思。围绕这些问题，教师首先要做的是通过身份认同，去寻找自我效能感。任何一份职业，如果缺少对自我的良好认知和定位，缺少职业生涯中的成就感，都会出现职业倦怠及情感缺失。教学质量是教师职业成就的重要来源。关于教学质量的层次，美国课程专家古德莱德（Goodlad）提出了理想的课程、正式的课程、理解的课程、运作的课程和经验的课程五个层次。教育研究者认为从应然的"理想课程"和"正式课程"到学生的"经验课程"，必然要经过教师对课程的实然"领悟"和"执行"，以及对学生经验课程的"反思"。因此，应将教师岗位胜任力解构为教学理解能力、课程设计能力、课程实施能力、课程反思能力。其中，课程理解能力是教师课程实施能力存在与发展的逻辑起点，课程设计能力是行动路线，课程执行能力是教师课程实施能力存在与发展的关键行为，课程反思能力对教师而言是高阶能力，是教师专业化持续发展的依托。

2.教学规划能力

规划，就是能够规划、组织和创新教学过程，实施计划并评估其应用的能力。在教学实施前，规划的"具象化"表现是认识学习者的需求，设计、开发、实现和评估有利于学习过程的课程项目、教育环境和教学策略。在教学实施中，教师要善于根据课程特色和学生的学习特点，灵活选用恰当的教学方法，同时，发挥课程控制能力、数据分析能力等，及时根据数据呈现的结果调整和改进教学策略。教学实施后，教师整理分析教学过程的动态循环特征，形成教学评价和反思，及时从学生的学习进展和教学效果上得出正确的教学成果判断。具体如下。

（1）课前规划

课前规划主要是指课前认识学习者的需求，设计、开发、实现和评估有利于学习过程的课程项目、教育环境和教学策略。以课程资源的设计为例，所谓知己知彼，才能游刃有余。课程资源的设计是为了满足学生的需求以及学科知识的要求，为了了解学生的目前状态，因此课前要利用线上平台设计调查问卷，根据调查问卷的结果和教学目标确定每个学习者的学习需求并选择恰当的课程资源。同时，每次课程结束时利用线上平台设计调查问卷，根据调查问卷结果适当调整教学内容。

（2）课中规划

计划有时赶不上变化，因此过程中要及时把控，纠正偏差。课中规划能力指的是能够使用一系列策略来组织课堂和促进学习的能力。课中规划是基于信任的师生关系，对班级或者小组进行动态管理，建设性地提高学生的参与度，并化解分歧。课中需要根据教学情境调整课堂教学实践，为偶然学习和内在动机创造机会等。以班级管理为例，教师可以利用网络课程平台或移动教学平台进行课堂的点名的设计，如现场定点拍照签到、手势绘制签到、限定时间签到等。网络考勤的设计去除了传统点名的长时间和枯燥性，可以吸引学生的注意力，为课堂创造一个有趣的开始。

（3）课后规划

"期末一张卷，生死一瞬间。"这是读书时流传在学生中的一句话。现在看来，这句是对课程评价的嘲讽，也是一种无效课后规划的集中体现。复杂的、多层级的学习过程不可能通过一张试卷准确评价，多样化的评价才能立体地展现学习者的学习成果。课程评价要考虑如何提升学生的课堂表现的积极性，调动学生学习的兴趣。

3. 专业可持续发展能力

作为老师，自己首先要有一桶水，才能授学生一瓢水，不光授学生以鱼还要授之以渔。教师教学是一个不断积累和提升的过程，需要教师本身、任职学校和社会各界多方合力发挥作用。这个过程中，教师的能力也在随着教育教学目标要求和社会的变化而变化。这就要求教师要具备终身学习能力、学术研究能力、合作沟通能力、创新能力等多种专业可持续发展能力。其中，学术研究能力是教师自觉参与研究、交流的基本素质，贯穿于教师专业发展的始终。该项能力让教师能够正确看待学术研究，视自己的教学过程为一种学术探究过程，积极投身教学实践，不断反思总结教学经验，发展自身的学术研究能力。

第三章　数字化背景下篮球运动教学概述

第一节　篮球教学的理论基础

一、篮球教学的特点

篮球教学作为体育教育活动的一个组成部分，是以传授篮球运动知识技能为目的而有组织的教育教学过程，在这一过程中必须遵循体育教学的基本原理，而且，还应根据篮球教学规律，正确认识篮球教学的特点，这对科学组织篮球教学过程，提高教学质量都有十分重要的现实意义。

1. 篮球教学是一个基本知识传授和基本技能学习的过程

篮球教学活动具有确定的方向性和明确的目的性。体育院校篮球教学的目的是使学生掌握篮球的基本知识、基本技术和基本技能，学会篮球运动的组织教学方法和基本技巧，具备在普通学校体育教学中能运用篮球教材组织学生进行身体活动的能力。可以说，篮球教学是更侧重于使学生由不会到会，由不懂到懂，逐步掌握各项篮球技术与技能的一个过程。根据教学任务与学生的实际情况，教学往往是从最基本的篮球知识、技术、技能开始的。因此，更强调在篮球教学中必须遵循篮球技术、技能形成的基本规律。

2. 篮球教学是以发展学生对球的感知能力为前提条件

篮球运动是以手控球的一项活动，绝大多数技术都是通过手对球的控制与支配所完成的。手对球的感知能力是学习与掌握篮球技能的前提条件。这种专门性感知能力的掌握与提高需要在较长时期的练习中逐步发展起来，这种感知能力的本质属于特殊知觉的发展过程，对练习具有一定的依赖性，即练则提高，不练则退。因此，在篮球教学实践中必须重视这一特点，始终重视与加强对学生这种专门性的球感能力的练习，这也是篮球教学的专项原则所决定的。

3. 篮球教学是一个教与学的统一活动过程

篮球教学是把教师的教和学生的学的活动交错或结合在一起的一个双方面的活动。教学活动正是由于有这两方面的共同活动，才使其具有其他活动所不能替代的特殊功效。篮球教学中包括教师传递信息的教授法，也包括学生听讲和观察的学习法，是以解决教学任务为目的的师生共同活动的方法，是指导者与被指导者双方的活动，篮球教学始终是通过教师的不断指导与学生的反复练习来实现教学的目标，篮球教学永远是教与学统一的活动，具有双边性的特点。

4. 篮球教学的组织更强调教师的组织能力与技巧

篮球教学是在篮球场上进行的，课堂上往往面临的学生人数较多，可利用的场地有限，这给教学组织带来了一定的困难。同时，篮球教学是以发展学生控制与支配球的技能为前提的活动过程，但由于学生技术参差不齐，在学习和练习过程中必然会出现很多的失误，不可避免地影响教学次序，导致课堂混乱，影响练习的强度和密度。这就要求篮球教师必须要有较高的组织能力与教学技巧，使课堂教学有序地进行。所以说，篮球教学具有组织性与技巧性。

二、篮球教学的方法

教学方法是教学过程中师生之间进行信息交流，教师向学生传授有关知识技能时所采用的技术手段，是广大教师多年教学实践中行之有效的经验总结和概括。

1. 篮球教学方法的种类

篮球教学方法的理论基础是传统教育学中关于教学过程的理论。其特点是注重教学双边活动中教师教授知识技能的方法，其教学方法的程式比较简单，各种方法相互配合，构成了以"教"为核心的教学方法体系，是当前篮球教学的主要教学手段。主要方法有如下几种：

（1）演示法

教学中适时地进行技术动作的示范和战术配合方法的示范，运用幻灯、投影、挂图和录像等电化媒体手段，使学生通过观看来直观地感知教学内容。实践中示范要与讲解相互配合，要正确选择示范的队形和示范的面，示范的动作要正确。

（2）讲解法

教学中采用简练准确的语言来分析技术动作的方法和要领、战术配合的方法和要求及运用过程中的注意事项等，使学生通过听来感知教学的内容。实践中讲解要与示范相互配合，讲解的内容要与学生的程度相适应，要掌握好讲解的时机，突出重点，避免冗长枯燥。

（3）练习法

在讲解与示范的基础上，组织学生进行身体练习是掌握篮球技能的最重要的方法。根据练习的形式可分为分解练习、完整练习、简单条件下的练习和复杂条件下的练习；根据篮球运动特点可分为个人技术练习、配合性练习和对抗性练习等等。运用练习的方法要讲求实效，合理安排练习的强度、密度和运动量，使学生承受适当的运动生理负荷。

（4）纠错法

在练习过程中，学生不可避免地要出现错误的动作，教师必须及时地采取相应的措施予以纠正。教学实践中，教师应注意观察，及时发现学生的错误动作，分析产生错误的原因，寻找纠正方法。纠正时应针对具体情况，抓住主要矛盾，采取有力措施及时纠正。教学实践中经常采用的方法有诱导法和条件限制法。如采取简化练习条件和形式，或进一步分析动作和个别辅导，或采取辅助性的慢动作练习，以使学生尽快掌握正确动作，形成正确的动力定型。

上述教学方法是一个统一的体系，教学中相互配合使用，单一地使用某种方法不能实现教学的整体功能。

2. 练习时应注意的问题

练习是体育教学的基本形式，也是篮球教学实现教学目标、完成教学任务的基本途径与手段。在篮球教学与训练中有多种多样的练习方法，篮球技术、技能的学习与掌握，通常都是通过动作练习、技术练习、组合练习、配合练习、综合练习和对抗练习等形式而进行的，这些不同的练习有着不同的目的、任务和要求，在练习中应特别加以注意。

（1）动作练习

动作练习主要是通过简单的练习形式和方法，解决动作方法由不会到会的问题，教师（教练员）应把注意力放在动作的规范上，从动作结构入手，抓住主要环节。在这类练习中要特别注意观察学生（运动员）完成动作的情况，及时给予帮助、分析，并纠正其错误，使他们掌握正确的动作。然后，再注意动作细节，改进、完善整个动作，使之形成正确的动作定型。

（2）技术练习

技术练习主要是通过由简入繁的练习形式和方法，改变完成动作的条件（原地、移动、跳起等），增加完成动作难度（距离、方向、速度等变化），使学生（运动员）在各种条件下能完整地完成动作和进一步改进与完善动作。在练习中，不仅是动作的正确性，而且在动作的连贯性、协调性、快速性和准确性方面都要得到提高，从而能熟练地按技术要求完成动作，具有初步运用某个动作技术的能力。

（3）组合练习

组合练习主要是把多个单一的技术动作组合在一起进行练习，有同类动作的组合，也有不同类动作的组合，它们大都是由个人在一次控球中完成的，以求进一步提高某个动作技术的运用能力。由于篮球技术的运用具有综合应答的特点，多属组合动作，因此组合练习也是个人比赛能力的基础。组合练习在整个篮球技术练习中运用较多，是配合练习、综合练习、对抗练习的重要组成部分。教师（教练员）应从动作的实用性和队员技术水平出发，选择或设计组合练习。在组合练习中应抓好动作之间的衔接，即抓好影响动作连贯的因素：动作结构、动作数量、动作熟练程度、协调性、平衡能力等，还要从练习的形式和方法、动作的选择、动作的速度、动作的节奏等变化，以及假动作的运用方面去考察动作的灵活性和实效性。

（4）配合练习

配合练习是由两名或两名以上队员共同完成的组合练习，教师除了要注意队员完成动作的正确性和灵活性以及动作之间的连贯性外，还应注意练习中的位置、距离、路线、行动的时间以及动作变化等方面的问题，要求队员相互间协调地行动，提高技术的运用能力，最重要的是培养战术配合意识。

（5）综合练习

综合练习主要是通过不同的练习形式和方法，组合各种动作技术加以综合运用，使队员在球场上的行动，更接近和符合篮球比赛实际的需要，进一步提高学生（运动员）的实战能力。综合练习应在队员已具有一定训练水平的基础上进行。由于练习的内容多，要求高，教师（教练员）应周密考虑练习的针对性、合理性和实用性，对练习中的位置、距离、路线、动作、时间、节奏等方面，要有具体的要求，应强调动作的衔接与连贯，以及配合的相互协调。教师（教练员）要善于观察分析，注意战术意识的培养，发挥队员的主动性和创造性，提高他们的应变能力。

（6）对抗练习

对抗练习在攻守对抗条件下进行，攻守队员各自有意识地运用各种技术动作，争取主动，制约对方，积累对抗经验，提高实战能力。对抗练习可以是个人的或集体的，可以是固定条件的，也可以是灵活条件的对抗，要逐步提高要求。对抗练习也是综合练习的较高级形式，要求队员不仅要有策略，而且要观察分析对手的意图，采取有效的行动，要充分利用自己掌握的动作技术来实现克敌制胜的目的。因此，更需要强调学生（运动员）想练结合，不断增强对抗意识，提升应变能力和实战水平。

第二节　篮球训练的理论基础

一、篮球训练的基本特征

体育院校篮球专修课篮球训练的主要任务是使学生（队员）熟练掌握篮球运动的技术，提高运用能力，发展技术水平。篮球运动训练的过程包括，起始状态的诊断、目标的建立、训练计划制定、组织实施、检查与评定以及目标的实现等环节。不论什么样运动的训练组织形式和具体内容，总有其一定的规律，并按照一定的结构组织起来。在《论运动训练过程》一书中，对一个完整的训练过程包括的几个基本环节和这一过程的连续性和阶段性、机体负荷下的适应性与劣变性、组织的集体性与个体性、过程的多变性与可控性等固有属性，作了基本的论述。在此，结合篮球运动训练实践，主要探讨突出的两个特征。

1. 训练组织的集体性与个体性

篮球运动训练实践中，特别注重集体训练，从思想作风到技术战术的训练，都紧紧围绕着"队"的需要去反复磨炼，使之形成一个团结战斗的集体。始终把培养相互配合，协同行动，相互帮助，共同拼搏的集体主义精神，贯穿在整体训练之中。目的是使运动员真正认识集体的力量和个人作用，从而形成巨大的凝聚力。对集体负有的责任感、使命感、荣誉感，为在比赛中充分发挥全队的整体功能而去积极准备。

尽管集体训练在篮球运动训练中占有重要的位置与比例，但每名运动员的差异性是客观存在的，比赛中不同位置和战术上的需要，特长技术的发挥等，都需要认真实施个人训练与个别对待。集体训练与个人训练之间形成相辅相成、相互促进和相互制约的关系，对运动训练过程的效应有着积极的意义。

在不同训练时期和阶段中，都要合理安排集体训练与个人训练，把集体训练与个人训练有机地结合起来。个人训练能培养运动员的自觉性和独立思考能力。愈是水平高的运动员，愈要区别对待，加大个人训练的比重，提出更高的要求。现代篮球比赛中明星队员的作用，正是个人训练的硕果。

2. 训练过程的多变性与可控性

运动训练过程中的多变性是各个因素和来自各个方面的多种因素不停的运动变化，教练员与运动员之间的相互作用反映在竞技能力诸方面的变化上。篮球运动攻、守对抗的特点，也促使训练中所组织练习方法和手段的变化来对运动员施加影响，从而产生不同程度的适应与提高，导致运动员竞技能力的变化和应变能力的提高。因此，运动训练过程的多变性是客观存在的。篮球运动训练过程总是处于不停的动态变化中，需要不断改进、完善整个运动训练过程的程序，以利更好地控制。

随着科学技术的发展，人们愈来愈认识到科学训练理论对实践的积极指导作用。必须以科学的理论为依据，对运动训练过程中运动员的训练行为及其变化加以有效的控制。从训练目标的建立，计划的制订、修改、调整，训练过程中信息的传递、加工、反馈都要加以有效的控制，做到管而不死，活而不乱。系统论、信息论、控制论在篮球运动训练中的运用，就是可控性最好的证明。

篮球运动训练过程中的诸多特征，都是辩证对立统一的。相互依存，相互制约，必须深刻地去认识它，并付诸实践指导，才能有效地挖掘运动员的竞技潜能，提高运动员和全队的竞技水平。

二、篮球训练的方法

运动训练是在教练员的指导下，根据科学的教育原则，有计划、有目的、系统地为提高运动竞技能力和最大限度地挖掘运动员的潜能，为争取优异成绩而准备的全过程。篮球运动训练是教练员与运动员合作的双边活动，教练员组织、指导、教育的主导作用和运动员积极参与的主体作用，相互依存，相互促进，并得到充分施展与发挥。篮球运动训练不仅是运动技能不断提高的过程，也是一个复杂细致的教育过程，只有遵循专项训练与思想教育相结合的原则，采用科学而合理的训练手段，才能使训练顺利进行，达到既定的目标。

1. 篮球训练的基本方法

（1）重复训练法

训练过程中，对某种动作采用同一运动负荷和相同的间歇时间进行多次练习，以达到增加运动负荷和巩固技能的目的，称为重复训练法。例如：篮球运动训练中的连续投篮、传球等。重复次数的多少，对身体的作用不同，对巩固技能的作用也不同。重复次数的多少须依据学生所能承受的运动负荷量和完成动作所需的练习量而定。重复训练法可以分为连续重复训练法和间歇训练法。

（2）变换训练法

变换训练法是在训练过程中有目的地变换练习负荷、动作组合，以及变换练习环境、条件等情况进行训练的方法。训练的环境条件、速度、动作组合形式等变化了，对机体的影响也必然随之而变化。这种方法对学生中枢神经系统的协调性和机体调节的灵活性具有特殊的作用。

（3）循环训练法

循环训练法是综合了重复法、间歇法等一系列练习方法的综合方法，它是把多项活动内容设计成若干个站，让队员一站一站地进行练习，通过连续完成多种不同项目的循环，按照学生自身的负荷指标，使负荷量逐步提高，以达到增强体质的目的。这种训练法对增强学生的肌力、提高身体素质和增强心肺机能等都有显著作用。

（4）比赛训练法

比赛训练法是以比赛为训练内容，通过比赛，学习、锻炼并提高队员的篮球技术、战术和意识。比赛是调动队员积极性的有效手段，它可以激发队员的斗志，促进队员积极向上、克服困难，获得优良成绩。篮球运动训练中比赛法的种类多种多样，有教学比赛、检查比赛、测验性比赛等等。不论采用哪种比赛法，都要根据教学任务来决定，必须注意运动负荷的调节，严格按照既定的规则要求进行。

（5）心理训练法

心理训练法是运用心理学的手段，提高运动员的心理素质和运动成绩的训练方法。心理训练与传统的身体训练、技术训练、战术训练和人格修炼相结合，构成了现代运动训练的完整体系。心理训练方法很多，但主要包括运动的表象训练法、想象训练法、语言暗示训练法、生物反馈训练法和放松训练法。

2. 训练方法与手段的选择

（1）训练方法手段的选择要有目的性

为了达到预期的目的，从实际出发，选择或创造性地运用训练方法非常重要。因此，训练方法与手段要有的放矢，要求解决什么问题，提高什么技术环节，目的性一定要明确。任何一种练习方法、训练手段，都是解决一定任务的手段。这种方法练什么，目的是什么，目的性一定要强。

（2）训练方法手段的选择要有针对性

篮球运动训练方法和手段的选择及运用，首先要根据本队的训练任务和内容确定。同时注意从实战出发，抓住技术动作和战术配合的关键环节，严格要求，扎扎实实地解决。每一个训练方法手段都有它本身的特点和要求，但在各训练方法手段之间都有其内在的联系。如一般身体训练和专项身体训练之间，各种基本技术之间，技术与技术之间等等。

（3）训练方法手段的选择要有实效性

通过练习，应能使队员在比赛中发挥应有的技术和水平，而不是把队员练成"训练队员"。因此，练习方法手段的选择一定要注意实效性。如果仅仅为练习而进行练习，最终只能是徒劳，浪费时间。

（4）训练方法手段的选择要循序渐进

每一种训练方法手段的选择和使用都要考虑到它的循序渐进，既不能一下子提高好几个档次，但也不能让队员永远徘徊在同一水平上。可根据队员的水平选择一些比队员实际水平稍高、难度较比赛情况大些并超出队员水平的练习方法手段。

（5）训练方法手段的选择要有趣味性

通过一些有趣的练习方法，尤其是利用一些手段，在练习中提高队员练习的积极性。实践证明，趣味性练习的一些方法手段比一些乏味练习的效果要好得多，尤其是在防守的脚步练习时，多采用趣味性练习的手段和方法，可以减少枯燥性，提高趣味性。如解决防守的低重心问题，单靠平时嘴上强调，讲低重心多么重要，不如采用一个比较有趣味的训练方法进行练习的效果好。实际训练中常采用球不离手的"地滚球游戏"，来练习防守的低重心。

（6）训练方法手段的选择要有对抗性

在基本技术动作规格规范掌握的基础上要加强对抗性技术的练习，以增强队员运用技术时的对抗能力，而且在训练手段上要给予保证，以保证对抗性练习的质量，为正式参加比赛打好基础。

（7）训练方法手段的选择要有比赛性

从实战比赛中提高战斗力，是很重要的一种训练手段。从训练与比赛的关系来说，训练的目的是为了比赛，练为战；训练的任务是创造条件，改变条件，增强实力，在比赛中表现出高水平。训练不能脱离比赛，为训练而训练，只练不打，终究脱离实战。通过比赛使学生或运动员取得实战经验，提高实战能力是十分重要的。在训练课中应有目的地安排5对5的分队比赛、教学比赛、公开比赛等。

第四章　数字化背景下篮球运动技术的教学与训练

第一节　移动技术

　　移动技术是队员在比赛中为了改变速度、方向和高度所采用的各种脚步动作方法的总称。移动是篮球技术的基础，对熟练掌握和运用进攻、防守技术有着密切的关系。因此，在篮球技术教学与训练中，特别要重视移动技术的教学。

　　为了更好地发挥进攻和防守技术，能随时向各个方向和位置移动，队员在球场上必须要有一个正确的站立姿势，即基本站立姿势：两脚前后或左右开立，与肩同宽，两膝微屈，身体重心落在两脚之间，两臂自然屈肘置于体侧，上体稍前倾，目视前方。防守时基本站立姿势稍有不同，两脚开立略宽于肩，屈膝降低重心，直腰含胸，上体稍前倾，两臂随持球队员的动作做侧张或上举。在教学与训练中，必须重视和培养队员随时保持基本站立姿势，并严格要求，以便形成习惯。

一、移动技术动作解析

1. 跑

（1）变速跑

变速跑是队员在跑动中利用速度变换来争取主动的一种方法，是一种典型的利用节奏变化快速突破防守的移动步法，且动作方法简单，在实战中具有较高的实用价值。

动作方法。加速跑时，要利用两脚突然短促而有力地连续蹬地，加快跑的频率，同时上体前倾和手臂相应地摆动加以配合；减速时，利用前脚掌用力抵地来减缓快跑的前冲力，同时上体直起，身体重心后移，从而降低跑动速度。

动作要领。加速时，两脚蹬地要突然、短促有力；减速时，身体重心后移要快。

（2）变向跑

变向跑是进攻队员在跑动中，突然改变方向，借以摆脱防守的一种移动方法。变向跑常与变向后的快速跑结合运用，借以甩开防守，达到接球、抢位的进攻目的。

动作方法。在跑动中，向左变向时，右脚前脚掌落地（脚尖稍向左转），同时用前脚掌内侧用力蹬地，腰胯用力，左脚突然加速向左前方迈出，同时上体向左转，移动重心后继续加速跑进。向右变向时，动作则相反。

动作要领。变向时，前脚掌内侧用力蹬地，另一脚迅速朝变向方向迈出第一步。

（3）侧身跑

侧身跑是上体侧向跑动方向，脚尖对着跑进方向的一种跑动方法。在比赛中，侧身跑常用于快攻时前锋队员的快下跑位，在短距离中为了抢占位置、更好地保护球，有时在快速退守时也采用它。其特点在于能在快速移动中随时观察球的方向。

动作方法。在向前快速跑动中，头和上体向球或目标侧转，脚尖朝向跑进方向，随时准备接球。如做切入时，面向球侧肩转体，用肩压住防守队员接球或护球，加速超越防守。

动作要领。面向球侧肩转体，身体重心内倾。

（4）后退跑

后退跑是队员在球场上背对前进方向的一种跑动方法。它能更好地观察场上的情况，在攻转守时运用较多。

动作方法。后退跑时，两脚提踵，用前脚掌交替蹬地提膝向后跑动，上体放松直起，两臂屈肘相应摆动，保持身体平衡、两眼平视，注意场上情况。

动作要领。两脚提踵，上体放松，随时观察场上情况。

2. 起动

（1）用途

起动是改变静止状态的一种方法。突然、快速的起动是进攻队员摆脱防守的有效方法，也是防守队员抢占有利位置，防住对手最有效的方法之一。

（2）动作方法

从基本站立姿势开始，向前起动时，上体前倾，重心迅速前移，后脚前脚掌用力蹬地，结合手臂协调摆动，向前迈出第一步，起动后的前二、三步步幅要小而快。向侧起动跑时，异侧脚前脚掌内侧蹬地，身体重心迅速移向跑动方向，上体向起动方向侧转前倾，结合摆臂加速向跑动方向跑。

（3）动作要领

重心迅速移向跑动方向，快速摆臂，前二、三步步幅小而快。

3. 急停

（1）用途

急停是队员在跑动中突然制动的一种动作方法。各种脚步动作的变化几乎都是由它来衔接和过渡的。因此，急停技术的好坏，直接影响到与其衔接的其他动作的质量。急停主要可分为跨步急停和跳步急停两种。

（2）动作方法

跨步急停（两步急停）：在快速跑动中，跨步急停时，第一步跨出要稍大，用脚外侧着地，屈膝，同时上体稍后仰，重心后移。第二步着地时，用前脚掌内侧着地（脚尖向内转），身体微向内转、两膝弯曲、上体前倾，重心落在两脚之间，两臂自然屈肘于体侧，保持身体平衡。

跳步急停（一步急停）：在近距离跑动中，用单脚或双脚起跳，上体稍后仰，两脚同时落地，约与肩同宽，前脚掌用力抵地，屈膝降重心，重心落在两腿之间，两臂屈肘微张，以保持身体平衡。

（3）动作要领

第一，跨步急停时跨出第一步要用脚外侧着地，第二步着地时用前脚掌内侧蹬地，屈膝降重心。第二，跳步急停落地时，屈膝降重心要及时，重心落在两腿之间。

4. 跳

（1）用途

跳是在比赛中争取高度及远度的一种动作方法。篮球运动中的跳是在快速移动和对抗中进行的，起跳快、跳得高、跳得及时，才能争取时间、控制空间，更好地完成空中动作，可分为双脚起跳和单脚起跳两种。

（2）动作方法

双脚起跳：两脚开立与肩同宽或略宽于肩，下肢各关节弯曲下蹲，重心下降，两臂后摆，上体前倾。起跳时，两臂快速向上挥摆的同时，两腿迅速蹬地起跳。上体在空中自然伸展，下肢放松。落地时，用前脚掌先着地，并屈膝缓冲身体的重力，注意保持身体平衡，以便衔接下一个动作。

单脚起跳：起跳时，最后一步步幅要小，起跳腿脚跟先着地，并迅速屈膝过渡到全脚掌用力蹬地，同时摆臂提腰。另一腿积极上提，以增加起跳高度，当身体至最高点时，摆动腿自然伸直与起跳腿合并。落地时，两腿迅速屈膝缓冲，保持身体平衡，便于衔接其他动作。

（3）动作要领

起跳前屈膝降重心，掌握好起跳点，起跳时的蹬地、伸臂动作要充分、协调。

5. 滑步

（1）用途

滑步是防守队员移动的主要动作方法。防守队员在比赛中为了保持自己有利的防守位置和争取防守的主动性，经常运用各种防守步法来堵截进攻队员的移动路线。滑步是个人防守中防投篮、防运球、防突破、进行抢球的基础。滑步可分为侧滑步、前滑步和后滑步三种。

（2）动作方法

侧滑步：从防守基本站立姿势开始。向左滑步时，右脚前脚掌内侧蹬地的同时，左脚向左侧跨出，左脚落地，右脚向左脚靠拢半步落地，腰胯用力，保持低重心的水平移动。向右滑步时，动作方法相同，移动方向相反。

前滑步：从前后防守站立姿势开始，两脚前后开立，前脚向前跨出一步的同时，后脚前脚掌内侧用力蹬地向前滑动，并保持身体前后开立姿势。前脚同侧臂前上举，另一臂侧下张开。

后滑步：动作方法与前滑步相同，方向相反。

（3）动作要领

两腿屈膝、两臂自然张开，重心要落在两脚之间，滑步时身体起伏要小。

6. 转身

（1）用途

转身是队员以一脚蹬地向前或向后跨步的同时，另一脚做中枢脚进行旋转而改变身体方向的一种动作方法。转身在比赛中运用比较广泛，经常与其他技术动作组合运用。转身可分为前转身和后转身两种。

（2）动作方法

前转身：以一脚做中枢脚，另一脚从中枢脚前面跨过从而改变身体方向的动作叫前转身。（以右脚做中枢脚为例）前转身时，右腿屈膝，左脚前脚掌内侧蹬地的同时，重心移至右脚上，利用右脚前脚掌碾地，并以肩带腰，左脚蹬地后积极前移落地，来改变身体的方向。转身后两膝弯曲，上体稍前倾，两臂屈肘置于体侧，保持身体平衡。

后转身：以一脚做中枢脚，另一脚从中枢脚后面转移并跨过为后转身。以左脚做中枢脚为例，后转身时，左腿屈膝，右脚前脚掌向前蹬地的同时，重心移至左脚，左脚前脚掌用力碾地，同时右脚向后转胯，肩和头保持水平移动。转身后两腿弯曲，两臂屈肘于体侧，保持身体平衡。

（3）动作要领

前转身时在左脚前脚掌内侧蹬地的同时，重心要移至右脚，前脚掌碾地，以肩带动腰部，以腰带动全身。

后转身时两膝弯曲，右脚前脚掌用力蹬地，左脚前脚掌用力碾地，以胯带肩，迅速转动，保持重心平稳。

7. 攻击步

（1）用途

攻击步是防守者争取主动的一种积极防守步法。防守队员常用此步法进行抢、打、断、封球或增加对手投篮、突破和传球的难度。

（2）动作方法

接近持球队员后，后脚紧跟跨上一步，紧贴持球者，两脚平行开立略比肩宽，重心降低，两臂上举成侧上举，挥动双臂，给进攻队员施加压力。

（3）动作要领

一是抓住持球者停止运球的时机；二是上步动作要突然、迅速、具有一定的攻击性。

8. 后撤步

（1）用途

后撤步是变前脚为后脚的一种防守步法。后撤步是防守队员为了保持合理的防守位置，特别是在防持球突破时，为了堵截其突破路线，经常和后滑步结合运用达到防住对手目的的一种防守步法。

（2）动作方法

斜步防守站立势姿开始，后撤步时，前脚的脚掌内侧用力蹬地，同时腰胯用力向侧后方扭转，配合同侧臂后摆，前脚迅速后撤。当前脚蹬地的同时，后脚前脚掌用力辗蹬，紧接着向侧后方滑步，保持合理的防守位置。

（3）动作要领

前脚掌内侧蹬地、腰胯用力，前脚积极后撤于侧后方45°处。

9. 绕步

（1）用途

绕步是进攻队员或防守队员处在不利位置时，为了抢占有利位置而采用的步法，因其动作轨迹中带一定的弧形，故称其为绕步，它分为绕前步和绕后步。

（2）动作方法

做绕前步时（以从右侧绕前防守时为例），右脚向右斜前方跨出半步，左脚迅速蹬地绕过对手向侧跨出。腰、胯配合用力，手臂根据需要做出相应的阻挠、伸展、挥摆等动作。绕后步的动作与绕前步基本相同，只是向后方跨步绕过。

（3）动作要领

蹬地与腰、胯用力要协调配合。

二、移动技术教学与训练的注意事项

（1）在教学与训练中，要强调移动在教学中的重要地位及对提高其他各项技术的重要作用。

（2）在教学与训练中，尽可能地运用视觉信号，培养学生扩大视野、随时观察场上情况变化的能力。

（3）在教学与训练中，应把提高脚步动作的突然性、灵活性作为重点，注意动作之间的紧密衔接。

（4）移动技术教学与训练，应与提高专项身体素质紧密结合，还应与其他攻防技术结合进行。

第二节　传球技术

一、篮球运动传球技术的特征

1. 快速进攻的传球技术特征

球队在快速进攻时，及时到位的传球，是决定快攻战术质量的关键。由于快攻传球需要在带球前冲的过程中完成，因此，快攻动作一旦开始，首传及快攻推进时的短传，外加运球过程中的突破分球和传球，都应该迅速及时且到位，既快速又安全超越对方球队的防守球员。

发动进攻、推进进攻和结束进攻是快攻战术的具体组织结构。在现实的篮球比赛过程中，跳球获球、掷界外球、抢获后场篮板以及抢断球后，都是发动快攻的重要时机。及时且快速地发动快攻，所取得的进攻效果就好。作为快攻战术发动阶段的重要环节，快攻首传不仅出手速度要快，同时传球既要准确，距离又要远，需要将球传至前场，实现快速进攻的目的。因此，快攻首传会使用单肩传球，以最短耗时和最高效率完成首传，在进攻的过程中，形成多打少的战略布局。

2. 不同分工的传球技术特征

作为一项集体性的竞赛项目，每场篮球比赛共涉及多名篮球队员，每队场上各5名。由于球员在比赛中充当的角色以及所发挥的作用各不相同，因此，各位球员在赛场上的位置安排也迥异，大体可以分为前锋、中锋和后卫三种，根据相同角色的球员在赛场上的分工不同，可以将前锋分为小前锋和大前锋，将后卫分为得分后卫和组织后卫。

（1）前锋的传球技术特征

作为球队比赛中的得分主力，前锋主要策划组织前场进攻。前锋队员不仅得分能力非同一般，而且在进攻传球时能够技巧与策略协同并进。前锋的重要作用体现在带领队员向对方球队发起进攻并投篮得分。因此，运球与突破性传球作为关键步骤，必须快速而且准确。大前锋一般都具有身高优势，重在承揽球队的篮板球。在现场的球队比赛中，大前锋应该抓住机遇，创造更多的进攻条件，在高位时通过巧妙传球，制造篮板得分契机。综上所述，前锋位置上的传球技术特征主要表现为双手或者单手胸前传球，单手肩上传球和单手体侧传球。

（2）中锋的传球技术特征

篮球比赛中，具有决定性意义的区域就是禁区。作为整场进攻的中心位置，守护禁区的职责就落在了中锋球员的肩上。因此，比赛时的中锋球员不仅要能够在阻止进攻的时候加强防守，而且发起进攻时的中锋，由于有机会站在靠近罚球线的禁区内接球，必须具备精准的篮球传导能力，将篮球传给其他队员，为进攻得分创造有利的时机。总而言之，中锋位置上的传球技术特征主要表现为双手或者单手低手传球以及双手头上传球。

（3）后卫的传球技术特征

篮球场上的得分后卫和组织后卫，分工不同职责各异。得分后卫是接球然后投篮得分，组织后卫的主要职责是，传球并指挥本队球员进攻。

在现场的球队比赛中，后卫球员的双手胸前传球重在通过运球突破对手的阻挡和拦截，将球快速准确地传给本球队的得分后卫。在传球方式上，组织后卫通常采取直线折线相结合的传球方式。此外，双手举过头顶式的传球方式，主要适用于在赛场外围传球，或者借助高吊球的方式将球传给场地中前端的内线球员。因此，后卫球员在运用双手头上传球技术时，只能采取弧度路线传球。

3. 阵地进攻的传球技术特征

球员之间的相互配合是决定阵地进攻效果的关键。篮球比赛中，局部范围内的两到三名球员，为了实现协调一致的进攻目标，开展有组织的进攻行为就是配合。比赛中所运用的多元战术，都要以球员之间的配合为基础。熟练掌握配合技能，有助于整支球队更加灵活有效地发挥进攻实力，实现传球时的精准配合。

掩护、策应、传切和突破分球是进攻时较为基础的四种配合手段。可以说，篮球比赛的各种进攻战术都是上述四种配合手段的改编运用。传切和突破分球这两种基础的配合方法是最常用的传球技术。进攻队员之间的传球和切入就是简单的传切配合。对方球队防守扩大，空置一侧防守或者防守队员失去警觉时，可以采用传切配合。观察研究比赛录像可知，技术水准较高的球队在运用传切配合时，会采用双手胸前传球提高传球的准确性。传切配合无需制作过多的假动作吸引对方的防守球员，只需简单直接地将球传给左右两侧的切入队员，就可以获得投篮得分可能。美职篮中的洛杉矶湖人队，常用的三角战术就很好地体现了传切配合技巧。持球者突破对方球员的防守，与同伴配合传球的方法就是突破分球法。突破分球法适用于拆解对方的各种战术。在实施突破分球法时，球员通常先是突破对方的防守，在运球的过程中，推球传球，并借助上篮的假动作在腾空时，变换方向传球。

二、篮球运动传球的技术要点

传球的种类很多，但从球传出到同伴将球接到手这一过程来分析，都是由传球动作方法、球的飞行路线和球传到的位置三者组成的。其中传球的动作方法是主要的，它决定了球的飞行路线、速度和球到位的准确性。

1. 传球的方式与手法

传球分双手和单手两类，有原地、行进间和跳起传球之分，又有前后、左右、上下出球方向的不同。虽然传球的方式很多，但不管是哪种方式，都要全身协调用力，最后通过手腕、手指动作来完成的。特别是运用最多的中、近距离传球，主要靠前臂的伸、摆和手腕、手指的用力将球传出。腕、指用力是传球中的最主要的动作。

传球手法是指球出手的瞬间，手腕、手指对球的飞行方向、速度、路线等的控制，也就是手腕翻转、前屈和拨指的用力方法。手腕、手指力量作用于球的正后方，则球飞行方向是向前，而且是平直的。手腕、手指力量作用于球的后下方，则球飞行的方向是前上方，且沿弧线飞行。手腕、手指的力量作用于球的后上方，则球向前下方击地成折线弹出（反弹球）。在球即将离手的一刹那，用力越大、发力越快，作用于球的力量就越大，球飞行的速度就越快。反之，手腕、手指用力缓慢，则球飞行的速度就会减慢。由于球即将离手的一瞬间，手腕、手指用力的大小、速率的快慢和作用于球的部位不同，会影响着球的飞行速度、方向、路线和球到位的准确性。所以，巧妙地运用手腕、手指力量是提高传球技巧的关键。

传球时，虽然手法是主要的，但蹬地、腰腹和手臂用力与腕、指的协调配合，也是不可忽视的。特别是前臂的伸、摆、甩等动作方法，不但能提高出球的速率，还可以增加出球点，扩大出球面，提高传球的灵活性，从而增加传球的威力。

2. 传球的位置

传球的位置是指传出的球所要到达的位置。这要根据接球队员的位置、移动速度和意图以及防守队员的情况而定。还要将球传到远离防守者一侧的位置，恰好能与接球队员相遇，做到人到球到，并且使接球队员接球后能顺利地衔接下一个进攻动作。

接球是获得球的动作，也是抢、断球的前提。接球的主要目的是得到球，以便迅速衔接下一个动作，或传球、或投篮、或突破和运球。在激烈对抗的比赛中，能否采用正确的动作牢固地接住球，对于减少传球失误，弥补传球的不足都是非常重要的。

接球有双手和单手接球两种，不论哪一种，接球时眼睛要注视来球，肩臂都要放松，手臂要伸出迎接，手指自然分开。当手指触及球的一瞬间，要及时屈肘，手臂后引，以便缓冲来球的力量。要把接球技术完成好，必须重点掌握迎球、缓冲、衔接三个环节。

3. 球飞行路线

球飞行路线有直线、弧线和折线三种。比赛中，由于攻、守队员站的位置、距离、移动速度和意图的不同，所以选择的传球路线和球飞行的速度也有所不同。例如，传出的球如果需要从空中越过防守队员，则应用弧线球；传出的如果不需要超越防守队员或传给已摆脱防守的同伴，则应多用直线球。总之，要随机应变，准确地掌握传球时机，正确、合理地选择球的飞行路线，使同伴能顺利地接到球。

第三节　运球与突破技术

一、运球与突破技术的概述

运球与突破技术从技术层面来看，包含运球技术和持球突破两个方面。在我国各级篮球教材中历来都是把运球和持球突破作为不同类技术分别加以叙述。

运球是泛指队员持球位移的各种动作方法。它是在规则允许下用单手连续按拍从地面反弹起来的球的一种技术动作，是进攻中推进、甩开或吸引防守、突破对手、发动战术配合所经常采用的一项进攻技术方法。突破作为比赛中进攻队员的一项具有攻击性、对抗性和实用性很强的个人进攻行动，从广义的概念来讲，它包括无球突破（摆脱对手）、运球突破和持球突破等方法。从狭义的含义来讲，特指持球突破。

持球突破技术是进攻队员持球运用躯体和脚步动作与娴熟的运球技术相结合，快速摆脱和超越对手实施有效攻击的一项实用性、攻击性、杀伤性很强的进攻技术方法。

持球突破是以运球为基础，它要求进攻队员具备娴熟、灵活的脚步动作，还需掌握熟练的运球技术。同样，运球技术的关键是手对球的控制以及手脚与身体的协调配合。不难看出，运球与突破技术的运用不仅都需要手对球的良好控球能力，同样还需具备灵活多变的脚步动作，加之身体动作的协调配合。

运球与持球突破具有相似的动作特点。运球与突破动作的运用都强调，降低身体重心，手按拍球的部位，球的落点以及手脚与身体动作的协调配合。在运球与突破中，身体重心的下降有利于运动中保持身体的平衡与稳定；同时便于脚的快速蹬伸即下肢的用力，以便身体动作更好地配合手部控球动作的及时变化，缩短球在空中的运行路线，提高控制支配球的能力；手按拍球的部位不同直接关系运球动作的变化，也影响持球突破的速度；球的落点不仅是运球动作结构的组成环节，也是持球突破所强调的要点，球落点的正确性不仅有助于人球移动速度和方向的统一，同时也起到保护球的作用。手脚与身体动作的协调配合是运球技术的关键之一，也是影响持球突破技术质量与效果的重要因素。

在体育院校篮球专修课中，根据篮球技术的发展与教学实践的需要，为丰富常规技术分类体系，对运球与突破在教学理论与教学实践方面进行积极的探索与研究，具有十分现实的意义。

二、运球与突破技术的训练

1. 运球与突破训练要点

（1）首先抓好运球手法、身体姿态的规范练习。在技术动作规范和准备的前提下，增强技术动作的变化性、灵活性、突然性。

（2）在运球技术训练中，强化快速移动中身体动作与球相结合的能力。强调在强对抗下大胆运用运球技术动作。随时提示队员运球时，保持开阔的视野度，做到运球时抬头注视场上。

（3）在运球技术训练中，必须安排各种条件下的运球的运用技术练习，如根据不同的移动线路、不同的标志物、障碍物、防守的松紧程度组织练习，不断提高练习要求。

（4）在运球技术训练中，要重视运球与其他技术动作结合的练习。例如运球组合技术结合传接球技术练习，运球技术结合投篮技术练习，运球结合突破技术和投篮技术的练习或是运球结合战术训练的练习等。

（5）加强弱手的运球练习，强化队员任何时候左右手都能运球，强化队员养成用身体保护球的习惯；强调队员运球与突破时降低身体重心；教育队员不得盲目运球。

（6）通过运球与突破的训练，强化队员敢打敢拼的训练作风，加强对抗条件下的运球与突破的训练，提高技术运用的实战能力。

2. 运球与突破训练方法

运球与突破的训练方法包括：运球与突破的基本动作练习、运球推进的练习、运球突破的练习、持球突破的练习、运球与突破和其他技术的组合练习五个部分。

（1）运球的基本动作练习

运球的基本动作练习既是学习与掌握各种运球技术与突破的基本环节，也是提高控制与支配球的重要手段；在练习中要保持动作规范，重视动作的协调与放松，强调动作的幅度以及动作的速度，提高动作完成的正确性。

1）运球技术的辅助性练习。运球的辅助性练习是增强队员的"球感"，提高队员手上功夫的基础手段。同时，也是为队员更好地学习与掌握运球技术的基本动作打下基础。练习中要重视弱手的训练，重视动作的协调与放松。

2）运球的基础练习。通过各种不同的练习形式，掌握运球的基本方法，掌握运球时手按拍球的部位以及手臂、腕指的用力方法，提高手的球感和控制支配能力。

（2）运球推进的练习

运球推进是运球技术的一种运用形式。通过运球推进技术练习，可掌握行进间手按拍球的方法及球的落点，提高队员运球的手脚协调配合能力。练习时，要求身体稍前倾、重心要下降，抬头目视前方、按拍球的后上方，跑动不减速，掌握运球快速推进的方法和要求。

（3）运球突破的练习

行进间运球突破是运球技术训练的一个重要内容，学习与掌握运球突破技术也是提高运球中控制球能力的重要途径与方法。通过行进间各种运球突破的练习，重点掌握各种运球突破的方法，掌握运球突破的动作节奏，提高行进间运球突破时手脚与身体配合的协调性。

（4）持球突破的练习

熟练掌握持球突破技术是发展个人进攻能力的重要手段与方法。在训练中，应把突破技术训练与作风培养结合起来；强调中枢脚的基本概念，要求重心下降，蹬跨用力，侧身探肩；脚步动作与身体动作的协调配合，做到人球一致，动作快速、突然。

（5）运球与突破和其他技术的组合练习

运球与突破技术与其他技术的组合训练，主要包括运球、接球运球与投篮；移动接球与运球和持球突破技术的结合；通过这类技术的组合练习，掌握运球与突破和其他技术的组合方法，提高运球与突破技术的综合运用能力。

第四节　抢篮板球技术

一、抢篮板球的技术概述

抢篮板球是比赛中投篮不中，球碰篮板或篮圈后双方为争夺球权而展开的一项时空对抗行动，是一项典型的空间争夺球技术。它是比赛中主动获得控球权的重要手段，也是攻守转换的枢纽。进攻时抢篮板球占优势，可以增加进攻次数和篮下直接得分的机会，造成防守犯规，给对手强有力的杀伤，还可以增强投篮队员的信心，鼓舞全队士气，同时也减少对方发动快攻的机会。防守时抢篮板球占优势，不仅能主动地转守为攻，为发动快攻创造有利条件，而且能减少进攻队员投篮的心理压力。因此，一个球队抢篮板球技术的好坏，对掌握比赛的主动胜负起着重要的作用。

比赛中，抢篮板球技术可分为抢前场篮板球和抢后场篮板球，也分别被称为进攻篮板球和防守篮板球。抢篮板球技术是一项直接对抗的技术动作，技术要求较高。一是要狠。抢球必须狠，表现在动作上，力量上，意志上。

二是要动。动才能争取主动，先动、会动就有可能占据有利位置，强调判断和积极性，及时、果断地做出准确的应答行动。三是要灵。能否获球在于灵巧，抢篮板球时的起动、连续起跳，争夺球的方法以及获球后的转身、摆脱等，都需要灵活机动。缺少任何一点，都难以在对抗中抢到篮板球。

抢篮板球的动作过程是由抢占位置、起跳、空中抢球和落地四个环节组成，每个环节都重要，特别是抢占位置及挡人，及时的起跳是抢篮板球中控制空间与争取时间的前提和保证。抢篮板球的关键是抢占有利位置。在平时的训练中，就要有意识地培养"挡"和"冲"抢篮板球的意识。"挡"是防守队员抢篮板球时必须掌握和应用的基本动作，它也是抢防守篮板时特别强调的技术环节。当进攻队员投篮出手后，防守队员迅速地运用脚步移动和身体（转身）动作，合理地"挡"住对手向篮下的冲抢路线，抢占对手和篮板之间的有利位置，把对手挡在身后。挡人时，可利用前、后转身的方法，挡住对手，堵死对手向篮下冲抢的路线，同时双臂屈肘张开，增加挡人的面积，防止对手的移动冲挤，与此同时，迅速判断好球的落点，及时起跳，以最大的力量抢得篮板球。对于进攻队员来说，抢进攻篮板球关键在"冲"抢，当投篮的球出手后的一刹那，进攻队员利用正面观察的有利位置，迅速判断球可能反弹的方向，突然起动"冲"向离球最近的位置，插向防守者的身前，或借助虚晃等假动作绕过防守者去抢球，也可运用后转身挤到防守者的身侧，抢占有利位置。"抢"主要是指单、双手抢球，要求运动员左、右手都具备熟练的空中抢球技术，以扩大空间的控制范围，增加争获球的机会。若已被对手挡在身后，则力争用挑、拨、拍球技术使球到有利于自己再起跳，抢得球的空间，或将球挑、拨、拍到其他同伴的位置。

当进攻队员抢到篮板球后，首先是补篮或继续投篮，如果没有投篮机会，则应迅速将球传给同伴，重新组织进攻。防守队员抢到篮板球时，最好能在空中将球传给同伴，创造快攻的有利条件。如果在空中不能传球，落地后应迅速传出或运球突破后及时传给同伴。

在现代篮球比资中，由于运动员运动素质的提高，拼抢人数增多，对抗性增强，抢篮板球时的身体接触增多，技术动作力量更强，制高点上升，滞空能力增强，抢篮板球技术与其他技术的结合，从而使高空争夺更为激烈，二次进攻和反击速度也大大加快。因此，抢篮板球的训练，必须在提高运动素质的基础上，加强个人拼抢意识与能力的训练、地面争夺与空间争夺结合的训练、扩大控制范围以及摆脱能力的训练。有组织的集体抢篮板球是篮板球技术的发展方向。

二、抢篮板球技术分析

抢进攻篮板球和防守篮板球都是由判断与抢占位置、起跳动作、空中抢球动作和获得球后的动作组成。

1. 判断与抢占位置

判断与抢占位置是抢篮板球技术极其重要的环节。无论进攻或防守时抢篮板球，都要首先积极抢占有利的位置，把对方挡在自己的身后。一般情况下，正面近距离投篮，球反弹的力量较小，反弹距离较近；在球篮一侧45°角进行中距离投篮时，一般球弹出的方向是在球篮另一侧45°角区域，或反弹回同侧区域；在底线一侧0°角区域投篮时，一般球反弹的方向是球篮另一侧底线区域，或反弹回同侧区域。根据统计，大多数的反弹球落在以篮圈为中心5米左右半径之内。

2. 起跳动作

防守队员抢篮板球多采用原地上步，撤步或跨步的双脚起跳方法；进攻队员则多采用助跑单脚起跳或跨一两步双脚起跳的方法。起跳前，身体应保持正确的基本站立姿势，两膝微屈、重心下降，上体稍前倾、两臂稍屈、举于体侧，重心落在两脚之间，并注意观察和判断球的落点。起跳时，两脚用力蹬地，腰腹协调用力带动两臂上摆，向上充分伸展，落地时注意控制身体平衡。

3. 空中抢球动作

空中抢球时根据攻守位置的特点和球的方向，可采用双手抢篮板球、单手抢篮板球和点拨球三种方法：

（1）双手抢篮板球

双手抢篮板球的触球点不及单手高，但控制球比较牢固，更便于保护球和结合其他动作，尤其是抢防守篮板球时，运用双手抢球更加有利。跳起腾空后，腰腹用力控制身体平衡，身体充分伸展，两臂用力伸向球的方向，以提高制高点和扩大占据面积；双手指端触及球的一刹那用力握球，迅速屈臂将球拉至胸腹部位，同时双肘外展，保护好球，落地时注意控制身体平衡。

（2）单手抢篮板球

单手抢篮板球触球点高、抢球空间大、抢球速度快、灵活性好，但没有双手握球牢固。起跳后身体在空中充分伸展，达到最高点时，近球侧手臂尽量向球伸展，当指端触球时，迅速屈指、屈腕、屈肘，将球拉下，另一手尽快扶握置球于胸腹部位，落地时注意控制身体平衡。

（3）点拨球

点拨球是在遇到高大队员或身体距球较远不易获得球时，运用单手或双手手指点拨或弹击球的方法将球点拨给同伴的抢球方法。其优点是触球点高，能缩短传球时间，便于发动快攻，缺点是准确性较差。点拨球的动作方法和单手抢篮板球相似，只是运用指端点拨球的侧方或侧下方，也可以在空中先用单手点拨球的底部，使球远离对手，然后重新起跳，用双手或单手将球接住。

三、抢篮板球技术动作方法

1. 抢进攻篮板球

进攻队员抢篮板球时一般处于防守队员的外侧，需要移动和摆脱对手。因此，抢进攻篮板球时要突出一个"冲"字。

动作方法：处于篮下或内线队员抢进攻篮板球，当同伴或自己投篮时，靠近篮下的队员要及时判断球反弹的方向，同时以假动作绕跨挤到对方的身前，用跨步或助跑起跳，跳到最高点进行补篮或直接获取篮板球。

2. 抢防守篮板球

防守队员抢篮板球要突出一个"挡"字，利用自己占据篮下或内侧位置挡抢篮板球。

动作方法：处于篮下防守的队员，当进攻队员投篮时，根据对手移动的情况和位置运用上步、撤步和转身等动作把进攻队员挡在身后，并抢占有利位置。外围防守队员抢篮板球，当进攻队员投篮，防守队员面向对手时，首先要观察判断对手动向，采用合理动作阻止对手向篮下移动，并抢占有利的位置。获球后，最好能在空中将球传给同伴，完成发动快攻的第一传；如没有机会，落地后应侧对前场，观察情况，迅速传球发动快攻或运球突破摆脱防守后及时将球传给同伴。

第五节　防守对手

一、防守对手的概述

防守对手是指防守队员为阻挠和破坏对手的进攻，运用脚步移动和手臂动作，积极抢占有利位置，以达到争夺控制球权为目的所采用的各种专门动作方法的总称。亦称个人防守，它包括防守无球队员的和防守有球队员两个方面。防守对手既是个人防守技术，也是集体防守战术配合的基础，是全队防守战术构成的基本要素。

防守对手是一项由多环节构成的组合技术，是由防守的基本动作、位置选择和防守行动所组成的技术行为。防守的基本动作是防守对手技术的基础，它包括防守姿势、移动步法和手部动作。正确的防守姿势在防守中对维持和保证身体的平衡和快速转移具有积极的作用；移动步法是防守对手成功与否的重要因素，脚步移动技术的好坏，是能否达到预定的防守目的的关键所在；手部动作是指防守时防守队员运用手的扬、挥、摆等动作对进攻队员接球动作的干扰和破坏，以及运用挑、拍、击、封、盖等手段对待球队员实施抢、打、断球等动作。在对抗中防守队员合理地运用手部动作可以使防守任务更加出色地完成，对后续防守或者进攻起着关键作用，积极、合理的手部动作已成为攻击性防守的一个重要组成部分。

防守行动是指防守过程中，根据不同情况所采取的具体方法及策略，它是防守对手的重要环节。比赛中防无球队员和防有球队员并不是一成不变，而是随时变化的。它不仅需要快速的脚步动作和灵活多变，而且还要具备良好的观察、判断和敏捷的反应能力，这一切都取决于队员对场上情况的洞察与预见，源于队员比赛经验的积累。

在比赛中，防守对手技术运用的目的是竭力干扰、破坏对手的进攻行为，同时与同伴协作行动阻止和破坏对方的战术配合，限制对方的进攻速度，主动地争夺控制球权。

当代篮球防守技术有了很大发展，移动速度变快，主动性与攻击性加强，身体接触增多，更加凶悍，富有激情，对每一名运动员的防守意识、身体状况和技术掌握都提出了更高的要求。因此，提高防守对手的技术和运用能力，已成为各级篮球运动员必须解决与重视的问题。

二、防守技术要点分析

防守技术是由脚步动作、手臂动作结合对手与球、篮的位置、距离等因素所构成的。脚步动作是防守时采用的移动步法，是个人防守技术的基础。防守队员运用脚步动作，抢占有利的位置与手臂动作配合干扰对方传、接球，封盖投篮和抢、打、断球，最大限度地破坏对方进攻，以达到争夺球权的目的。

1. 防守持球队员

篮球比赛中持球队员的威胁最大，因为持球队员得分的机会更多，还可以传球给无球队员创造得分机会，所以防守持球队员的主要任务是要尽力干扰对手的投篮、传球、堵截其运球突破的路线，并积极抢、打球，以达到破坏进攻、获得控制球权的目的。

（1）防守位置

当进攻队员接球的一瞬间，防守队员应及时站位于对手与球篮之间，保持适当的距离，并用正确的防守姿势，积极移动，阻截和干扰其进攻。有时防守的位置要根据所防对手的特点和本队战术的需要做出适当的调整，以能控制对手为原则。如进攻队员投篮较准而运球突破技术较差，则应大胆地靠近投篮队员，封盖其投篮；如进攻队员运球突破技术强，又习惯于向右侧突破，防守队员应距离对手稍远些，并站在对手向右侧突破的路线上；如进攻队员不习惯于左手运球，防守队员应尽量迫使其用左手运球，以便造成其失误或给本队创造夹击的机会。

（2）基本步法

防守持球队员的步法，要根据进攻队员在场上的位置、距离球篮的远近、持球队员的特点等选用。一般采用的步法有平步和斜步两种。不管采用何种步法，都要以灵活的脚步动作为基础，抢占有利的防守位置，争取防守的主动权。

第一，平步步法。两脚平行开立，这种步法的优点是：防守面积大；便于左右移动；对防守对方突破比较有利。

第二，斜步步法。两脚前后开立，以便前后移动，对防对方投篮比较有利。

2. 防守无球队员

防守无球队员是指进攻队员处于无球状态时，防守队员灵活地运用多种移动步法和手部的有效组合，最大限度地防止和破坏对手行动。现代篮球比赛中无球进攻队员的行动越来越体现出速度快和攻击性强的特点，力求移动到自己有效投篮点或攻击区域内去接球，或是力求与防守者形成位置差、时间差去接球，从而达到接球后有效攻击的目的，这就对防守无球队员提出了更高的要求。防守无球队员是一个连续移动的过程，必须具备多种防守移动步法，并能根据需要熟练合理地组合在一起加以运用。防守无球队员的方法包括防守位置、防守姿势、脚步动作和断球等环节。

（1）防守位置

防守时，位置的选择非常重要。正确合理地抢占有利位置，是争取防守主动的先决条件。防守队员要根据对手、球篮和球的位置与距离，以及对手的身高、速度、进攻特点、战术需要和自身防守能力来选择防守的位置和距离。为了做到人球兼顾，应与球和对手保持一定的角度和距离。选位于对手与球篮之间偏向有球一侧的位置上。

防守的距离要根据对手与持球人距离而定。根据球在场上的位置，可将球场分为强侧和弱侧。球所在的一侧为强侧，远离球的一侧为弱侧。强侧防守无球队员的位置选择，应站在对手与球篮之间，偏向有球一侧。离球近则防守距离则近，离球远防守距离则远。弱侧防守无球队员的位置，应选择与对手相对远些、靠近球篮一侧的位置。

（2）防守姿势

正确的防守姿势能保证扩大控制面积和及时向不同方向移动。选择防守姿势与对手和球的距离远近有关。

强侧防守姿势：防守距离球较近的对手时，经常采用面向对手侧向球的斜前站立姿势。靠近球侧的脚在前，屈膝，重心在两脚之间，便于随时起动，堵截对手摆脱移动的接球路线。伸右侧手臂，拇指朝下，掌心向球，封堵传球路线，干扰对手接球。特殊情况下，为了不让对手接球，在弱侧防守时也采用这种防守姿势。

弱侧防守姿势：防守距离球较远的对手时，为了便于人球兼顾和协防，经常采用面向球，侧向对手的站立姿势。两脚开立，两腿稍屈，两臂伸于体侧，掌心向着球的方向。密切观察球、人的动向，并随着球或人的移动而不断地通过滑步调整自己的防守位置。

（3）脚步动作

防守时，防守队员要根据球和人的移动，合理地运用上步、撤步、滑步、交叉步、碎步等脚步动作，并配合身体动作抢占有利防守位置，堵截其摆脱路线。在与对手发生对抗时，重心下降，两腿弯曲，扩大站位面积，上体保持适宜紧张度，在发生身体接触瞬间提前发力，主动对抗。

防守位置、姿势与脚步动作三者之间有着密切的内在联系。不同位置、不同姿势、不同脚步动作的有机结合，构成了完整的防守。

三、防守技术动作解析

1. 防守持球队员的动作解析

（1）防投篮

防对手中距离投篮时，应站在对手与球篮之间贴近对手的位置上，两脚前后斜立，屈膝直腰，前脚同侧手伸向对手瞄篮的球，并积极挥动，干扰其投篮，重心略偏前脚，并稍微提踵，脚下要不停地碎步移动。另一臂侧张，以防其传球和保持身体平衡，以便随时变换防守动作。如果防守队员距离对手较远时，应在对手接到球的同时，迅速移动到适当距离的位置上；如果对手已接到球，而防守队员的距离较远时，防守队员就应积极挥摆前伸的手，同时积极移动脚步，逐渐接近对手，防止其接球后立即投篮。防守队员向前移动时切忌步幅过大，以免失去身体平衡，使对手获得突破的机会。如果投篮队员进行投篮时，防守队员上步不及时，则应随对手的出球动作，迅速起跳，单臂上伸封盖，影响其投篮的方向和出手的角度。

（2）防突破

防突破的位置和距离的选择，应根据持球的对手离球篮的远近和对手的特点而定。对手距球篮远，又善于突破时，防守队员应以防突破为主，抢占持球队员与球篮之间贴近对手的位置，做好防守姿势。如持球队员由投篮变为向防守队员左侧突破时，防守队员的前脚应迅速用力蹬地，撤步并向左侧斜后方滑步，堵截其突破路线；如进攻队员由投篮变向防守队员右侧突破时，防守队员的前脚应迅速蹬地向右侧斜后方做后撤步，并伴随对手做横滑步，堵截其突破路线，迫使其改变动作方式和动作方向。

（3）防运球

在一般情况下，为了不让对手运球超越自己，防守队员应与对手保持一臂左右的距离，两臂侧下张，两腿弯曲，在积极移动中保持正确的防守姿势，准确判断，随时准备抢、打球。如果要使防守更具攻击性，也可以采用贴近对手的平步防守，以扩大防守范围，增加对手做动作的难度。防守持球队员要根据对手的特点和本队的策略，采用不同的防守方法。如为了达到一定的战术目的，可采用堵中放边的策略，诱使对方向边线运球，并迫使其停止运球，然后夹击防守。

（4）防传球

持球队员离球篮较远时，其主要的传球意图是向中锋传球或转移球。防守时要根据其位置和视线，判断其传球意图，控制其进攻性的传球。对手离篮较近时，防守队员要精神集中，主要防其突然传球，随球的移动而采取抢、打、封等动作，破坏其传球。

（5）抢球

抢球是从进攻队员手中夺球。抢球时首先要接近持球队员，看准持球的空隙部分，双手突然抓住球用猛拉或转拖的动作将球抢过来。运用时要抓住持球队员注意力分散、转身或运球停止等时机，两手握球要准而快，用力要突然，要有迅雷不及掩耳之势。

（6）打球与盖帽

打球是打掉进攻队员手中的球。有打掉原地持球队员手中的球、打掉运球队员手中的球和打掉上篮队员手中的球。打球时接近对手是前提，要掌握好时机，根据对手持球部位的高低和走势、运球时球反弹的方向与速度、投篮举球到出手前的过程等，分别由下向上、由上向下或从侧面快速伸出前臂，用腕、指的力量拍击球，动作要快而短促。盖帽是防守队员拍打投篮即将出手的球或出手后处于上升阶段的球的动作技术。当前盖帽技术有很大的发展，随着运动员的身高、弹跳素质的增长和判断能力的提高，这一技术已成为防投篮最有威胁的手段。在不同情况下可以采用按压式、上挑式、侧击式、封盖式拍打球。盖帽的基本要领是：降低身体重心、快速移动，选择有利方位，起跳。手臂和身体充分伸展，判断对手起跳和投篮出手时间，及时出手打球，动作要短促有力。

2. 防守无球队员的动作解析

（1）防纵切接球

如图4-1所示，进攻队员"A"传球给"B"，防守队员"△"及时偏向球侧错位防守，当"A"向篮下纵切要球时，"△"应抢前移动，合理运用身体垮截纵切路线，同时伸出左臂封锁接球，迫使对手向远离方向移动。再如图4-2所示，"A"持球，"△"贴近进攻队员"B"并错位防守，当"B"向上摆脱做要球假动作后做纵切（亦称反跑）时，"△"应迅速下滑，面对贴近对手"B"，同时转头伸左臂封锁接球。此时，也可以撤前脚后转身，面向持球队员，伸右臂封锁接球，利用左手或身体接触对手。

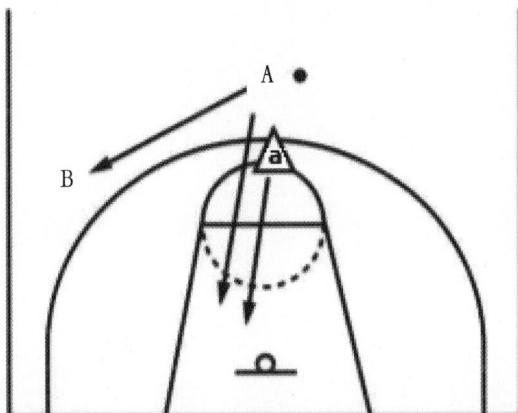

图4-1 防守无球队员的动作示意图（1）

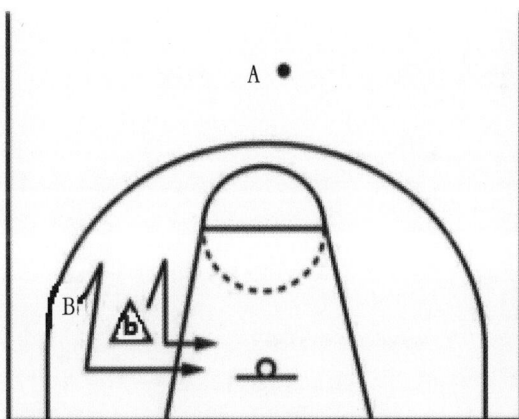

图4-2 防守无球队员的动作示意图（2）

（2）防横切接球

如下图4-3所示，"A"持球，"C"横切要球时，"△"上左脚，合理运用身体堵截，同时伸左臂封锁接球，不让他从自己身前横切要球。这时如果"C"变向沿底线横切时，"△"应面向球，贴近对手，迅速撤右脚，滑步，同时转头，伸右臂封锁接球，不让他在限制区内接球，迫使其向场角移动，有时亦可撤左脚。当"C"直接从底线横切（亦称溜底线）时，如下图4-4所示，"△"开始面向球滑步移动，卡堵对手，以身体某部位接触对手，跟随其移动，同时伸左臂封锁接球。待对手移过纵轴线进入强侧时，"△"迅速上右脚前转身贴近对手，伸右臂封锁接球，将对手逼向场角。

图4-3 防守无球队员的动作示意图（3）

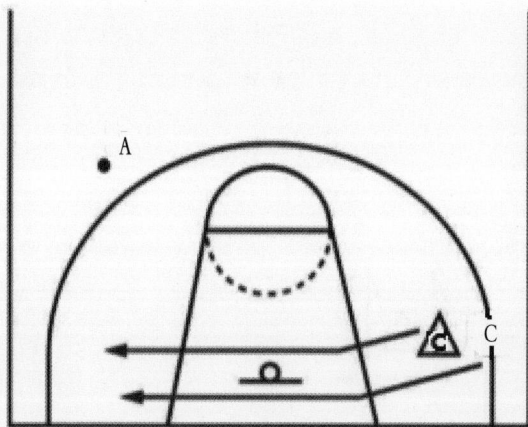

图4-4 防守无球队员的动作示意图（4）

（3）断球

断球是抢获对方传接球的方法。根据传球方向与对手之间的位置关系，有横断球、纵断球和封断球。不论是从接球者的侧面或后面进行断球，还是封堵传球者的传球，都要有积极的移动步法来配合。横断球和纵断球要注意跃出的步法，蹬地要快而有力，用身体将接球者挡在身后。封断球则要求手臂拦截动作要快，截获球后要注意身体平衡，以便迅速衔接下一个动作。横断球是指从侧面跃出截获进攻队员的传球。其动作方法是：断球时，重心迅速向断球方向移动，以短而快的助跑，单脚或双脚用力蹬地突然跃出，身体伸展，两臂前伸，用双手或单手将球截获。纵断球是指从接球队员身后或侧后方突然用绕前防守步法跃出，截获进攻队员的传球。其动作方法是：当防守者要从对手右侧绕前断球时，右腿先向前跨一步，然后侧身跨左脚绕到对手身前，同时重心前移，左脚（或双脚）用力蹬地向前跃出，身体伸展，将球截获。

3. 防守技术的教学与训练的注意事项

（1）防守技术是全队防守的基础，无论是防守无球队员还是防守持球队员都很重要，在教学训练时，首先要讲解、示范防守的位置、距离、姿势和步法等，使学生建立正确的防守概念。

（2）在教学训练过程中，按照由简到繁、由易到难的原则，逐渐增加练习难度，最后，要在对抗中练习，强化防守技术的实践运用能力。

第六节　投篮技术

投篮是进攻队员将球投入对方篮筐而采用的各种专门动作方法的总称。投篮是篮球比赛中重要的得分手段，投篮得分的多少直接决定着比赛的胜负，一切进攻技术、战术运用的最终目的都是为了创造更多更好的投篮机会。因此，投篮是整个篮球技术、战术体系的核心。掌握和运用好投篮技术，不断地提高投篮命中率，对于学习篮球运动技能具有十分重要的意义。

随着现代篮球运动的不断发展，运动员身体形态、机能素质全面提高，攻守对抗日趋激烈，特别是新规则的修改，促使投篮技术向更准确、高难度、多样化的方向发展。因此，要更加重视投篮技术的教学与训练。

一、投篮技术简析

决定投篮命中率的因素很多，它包括心理因素、持球方法、瞄篮点、协调用力、出手角度与出手速度、出手动作、抛物线、球的旋转、入篮角、外界因素影响等诸多环节，各环节又相互联系和相互影响，形成一个完整的投篮技术动作。如果其中有一个薄弱环节，就会影响投篮的准确性。因此，投篮动作要做到身体各部分协调配合，各技术环节连贯正确，特别是良好的心理因素，对提高投篮命中率起着不可忽视的作用和效果。

投篮是所有进攻技术、战术的最终目的和全部攻守矛盾的焦点。因此，要加强投篮技术的教学和训练。正确掌握并熟练运用投篮技术，不断提高投篮命中率，是对篮球教学和训练的最基本要求。

1. 持球手法

正确的持球手法是掌握投篮技术的前提，不论是单手持球还是双手持球，都应使球尽可能地保持稳定，这对控制球出手时的方向和力量有重要作用。

第一，单手持球法。以原地单手肩上投篮的持球方法为例，投篮手五指自然分开，手腕后仰，手心空出，用指根以上部位触球，肘关节自然下垂，另一手扶球的侧上部，举球于同侧头或肩的前上方。

第二，双手持球法。以原地双手胸前投篮为例，两手手指自然分开，两拇指相对成八字形，用指根以上部位握球的两侧后下方，手心空出。两臂自然屈肘下垂，肩关节放松，置球于胸前。

2. 瞄篮点

瞄篮点是指投篮时眼睛注视篮圈或篮板的那一点。它是为了瞬间目测出篮圈的方位和距离，从而决定投篮出手力量、飞行弧线和落点。投空心篮的瞄篮点一般为篮圈前沿的正中点，碰板投篮的瞄篮点是以篮板的一点作为瞄篮点，根据投篮角度、距离、力量和飞行弧线的不同而有所区别。

3. 协调用力

投篮出手用力是指投篮时身体各部位综合、协调的用力过程，它是整个投篮动作的关键环节。以原地单手肩上投篮为例，力的聚合是从投篮准备姿势开始的，力量的起点源于投篮前的基本站法和身体平衡，由下肢蹬地发力，然后沿着投篮出手的方向伸展身体，将身体各部位肌肉的力量最后集中于手臂、手腕和手指部位，以手臂的伸展、手腕的前屈及手指的弹拨动作将球投出。

4. 出手角度和出手速度

出手角度是指投篮时球离手的一瞬间球体重心飞行轨迹的切线与出手点

水平面所形成的夹角，它决定球在空中的飞行弧线和入篮角的大小。如前所述，出手角度主要依靠手指最后作用于球体的方向和作用点来调节。只有在保证正确用力方向的前提下，保持合理的出手角度并与特定的出手速度相配合，才能使球沿着理想的弧线飞行而落入篮圈。

出手速度是指投篮出手的一瞬间，身体各部位的综合肌力经过手指和手腕的调节使球离手进入空间运行的初速度。投篮出手速度首先取决于身体协调、综合用力的大小及腕、指用力的调控，而手腕的翻转、抖动和手指弹拨球的动作柔韧性、突然性和连贯性是取得合理出手速度的关键。投篮出手速度与距离的关系是，投篮的距离越远，球出手的速度则应越快，出手速度和出手角度也是相互制约的，所以投篮的距离也会影响到投篮角度的变化。

5. 球的旋转

投篮时球的旋转是依靠手腕前屈或翻转和手指拨球产生的，球的不同旋转方向和速度主要取决于手指最后的用力动作。一般来说，在中远距离投篮时，都应使球向正后方向旋转。后旋转不仅能使球保持合适的飞行弧线，获得理想的入篮角，而且在球触及篮板或篮圈的后沿也利于向下反弹落入篮圈。不同的旋转方向对各种篮下投篮也有帮助，尤其对失去角度的篮下投篮，不同旋转的碰板球往往能产生意想不到的效果。

6. 投篮弧线和入篮角

投篮弧线是指球离手在空中飞行时形成的那条轨迹，称为抛物线。弧线高低取决于投篮的出手角度和出手速度，投篮距离和出手高度也与弧线密切相关。不同的投篮弧线产生不同的入篮角和入篮截面，因此，它对投篮命中率有直接影响。

人们习惯将投篮弧线分为高、中、低三种。实践证明，中等弧线是最理想的，它的入篮角，球与篮圈的径向间隙可达到最大值，球心与篮心的偏差最小。中、远距离投篮，球离手时一般应使上臂与身体的垂直线成30°角左右，弧线最高点是在篮圈水平面上1.2~2米为宜。但由于运动员的身高、投篮距离、投空心篮与碰板投篮的不同及防守干扰等原因，投篮弧线不可能是一种模式。运动员要从实际出发，既要熟练掌握投篮弧线的一般规律，又能区别对待。

二、影响投篮命中率的因素

在比赛中，影响投篮命中率的因素是多方面的，如队员在训练和比赛中的思想作风、投篮技术掌握的熟练程度、投篮时机的选择、身体训练程度以及对手的防守能力和自己的心理素质等因素，都关系到投篮的准确性。

1. 思想作风

在比赛中，大多时候的投篮都是在对方干扰的情况下进行的。因此，首先要在平时训练中培养队员不怕困难的精神，培养为集体争取荣誉的责任感，激发队员自觉、刻苦投入训练的热情，从而逐渐培养出色完成任务的能力，为在比赛中正常发挥投篮技术打下良好的思想基础。

2. 投篮技术

掌握正确的投篮技术，是提高投篮命中率最主要的因素之一，因此，在教学过程中，应着重强调正确的投篮技术动作，并在正确投篮动作的基础上强化练习，提高投篮技术动作的熟练程度。

3. 投篮时机

投篮命中率的高低，还与是否创造了良好的投篮时机有关。投篮时机好、防守干扰小、自己有信心，命中率就高；相反，投篮时机不好，命中率就低，甚至有时候还有可能遭到对手的封盖，挫伤球队的士气。因此，在比赛中应努力创造良好的投篮时机，争取每一次的投篮都能在无干扰的情况下从容地投篮。良好的投篮时机一般有以下情况：

第一种是自己持球摆脱防守后。

第二种是处在有利的位置上或有把握的位置上接到球后。

第三种是战术配合中出现预期的投篮时机时。

第四种是同伴处于有利的抢篮板球位置上或自己有把握冲抢到篮板球时。

第五种是防守队员距自己较远或利用假动作分散对手的注意力时。

第六种是比赛中打不开局面，需要强行投篮时。

4. 身体训练程度

身体素质是完成各种技术动作的物质基础，对投篮命中率有极大的影响。很多队员在比赛开始时命中率较高，随着比赛时间的延续，体能的下降，命中率就会明显地降低。因此，在训练中要加强身体训练，并把身体训练与技术训练有机地结合起来，甚至有时候需要在超负荷的条件下进行投篮训练，以适应紧张、激烈的比赛，保证稳定的投篮命中率。

5. 心理素质

心理素质对于投篮这样精准度要求较高的技术来说尤为重要，心理上的一点点变化都会对投篮命中率产生直接的影响。现代篮球的不断发展，除了要求运动员有强硬的身体、熟练的技能以外，还要有过硬的心理素质。不管面对多强大的对手，都要敢于出手，勇于出手，果断并且有信心地去投篮。

三、投篮技术动作方法

1. 原地投篮

（1）原地单手肩上投篮

单手肩上投篮是比赛中应用最广泛的投篮方式，是基本的单手投篮方法，其他各种单手投篮动作大都由此演变而来。它具有出手高、变化多，便于结合和转换其他攻击动作，以及适用于不同位置和距离的特点。

用途：原地单手肩上投篮是篮球运动中最基本的投篮方法，是行进间投篮和跳起单手肩上投篮的基础，它以出手点高，便于结合其他动作，不易被封盖等优点，在篮球比赛中被广泛使用。

动作方法：（以右手投篮为例）双脚原地开立，与肩同宽，右脚稍前，身体重心落在两脚之间，屈肘，手腕后仰，掌心向上，五指自然分开，持球于右眼前上方，左手扶球侧，两膝微屈，上体放松并稍后倾，目视瞄篮点。投篮时下肢蹬地发力，腰腹伸展，抬肘伸前臂，手腕前屈带动手指弹拨球，最后通过食指、中指柔和用力将球投出，球离手后右臂应有自然跟随动作。

动作要领：上下肢协调用力，蹬伸、展腰、屈腕、手指柔和地拨球。

（2）双手胸前投篮

原地双手胸前投篮是篮球运动使用较早的一种投篮方法，适用于中、远距离投篮，女队员采用这种方法的较多。它的优点是出手快、隐蔽性较大，便于同传球、持球突破等技术动作结合，使防守者难以作出正确的封盖判断。

用途：它是双手投篮中最基本的投篮方法，其优点是便于和传球、持球突破等技术结合，能充分发挥全身的力量，一般女子运用这种投篮较多。

动作方法：两脚前后或左右开立，两脚微屈，重心落在两脚之间，两臂屈肘自然下垂，双手持球于胸腹前，上体稍前倾，目视瞄篮点。投篮时，两脚蹬地同时腰腹伸展，两臂迅速向上伸出，手腕前屈，通过食指、中指指端将球投出。球出手后身体随投篮出手方向伸展。

动作要领：自然屈肘，蹬伸、翻腕、手指拨球用力协调一致。

2. 行进间投篮

（1）行进间单手肩上投篮

用途：行进间单手肩上（高手）投篮是比赛中广泛应用的一种投篮方法。一般多在快攻结束和突破篮下时运用，通称跑动中投篮。其优点是出手点高，易用身体保护好球。

动作方法：（以右手投篮为例）在快速运球或跑动中，右脚向前跨出一大步的同时接球，左脚迅速跟上跨出4步，同时用全脚掌着地，迅速过渡到前脚掌起跳，右腿屈膝上抬，两手持球上举至肩上头侧，当身体上升接近最高点时，右臂柔和向上伸展，手腕稍前屈，食、中指用力拨球，将球投出。

动作要领：跨出第一步时注视瞄篮点，跨步有节奏，起跳接近最高点时手臂柔和向上将球投出。

（2）行进间单手低手投篮

用途：行进间单手低手投篮是在快速跑动中超越对手后或在空中探身超越对手后投篮的一种方法。具有速度快、伸展距离长、出手点离篮近等优点。

动作方法：（以右手投篮为例）右脚跨步同时接球，左脚接着跨出一小步并用力蹬地起跳，右腿屈膝上抬，双手向前上方举球。当身体接近最高点时，左手离球，右手掌心向上托球，并充分向球篮的方向伸直，接着屈腕，食、中指拨球，最后通过指端柔和地将球投出。

动作要领：身体向前上方充分伸展，用手腕和手指上挑将球投出。

3. 跳起投篮

跳起投篮简称跳投，其出手动作与原地单手肩上投篮基本相同，只是在动作结构上增加了起跳部分，投篮动作要在空中进行。它具有突然性强，出手点高和不易被防守等优点。目前，跳投已成为篮球运动员普遍采用的主要得分手段。它可以在不同距离、不同角度下运用，且方法多样，实战运用价值极高。本书主要讲述原地跳起单手肩上投篮和急停跳起投篮两种较常用的投篮方法。

（1）原地跳起单手肩上投篮

用途：防守队员较近时，与传球、突破时的跨步假动作结合运用，诱使防守队员后撤后，突然起跳投篮。

动作方法：（以右手投篮为例）两脚左右开立，两膝微屈，身体重心落在两脚之间，双手持球于胸腹之间，上体放松，目视瞄篮点。起跳时，屈膝降重心，两脚掌有力蹬地向上起跳，同时，双手举球至肩上，左手扶球的左侧。当身体达到或接近最高点时左手离球，右臂向前上方伸展，同时发力屈腕，食、中指用力拨球，使球通过指端投出。

动作要领：起跳时蹬地有力，身体接近最高点时出手，全身协调用力。

（2）急停跳投

用途：进攻队员向篮下移动接球时或运球向篮下突破时，防守队员为了防止进攻队员深入篮下，往往采用撤步防守。此时，进攻队员可以果断采用急停跳投的方法。

动作方法：以右手投篮为例，队员在运球中，突然利用跳步或跨步急停起跳，同时两手持球上举。当身体接近最高点时，右臂向前上方伸展，手腕发力前屈，食、中指用力拨球，通过指端将球投出。接球急停跳投时，队员跳步或跨步急停接球，两脚同时或前后落地，脚尖对正投篮方向，两腿稍屈、降低重心，并迅速跳起投篮。出手动作与单手肩上投篮相同。

动作要领：急停要稳，急停与起跳衔接要快，动作连贯。

4. 扣篮

扣篮是直接将球由上向下灌入篮内的一种投篮方法。它是投篮技术发展中的又一重要标志，它改变了投篮的一般规律。由于它投篮出手点接近球篮又高于球篮，又有最佳的入射角，所以无须考虑抛物线这一因素。在世界强队比赛中，扣篮得分所占的比例越来越大，扣篮方式随着实践发展而多样化。有原地扣、行进间扣、单手扣、双手扣、正手扣、反手扣、凌空接扣等。扣篮具有出手点高、球速快、攻击性强、准确性高等特点，但也是难度较大的投篮方法，必须有很好的身体素质，特别是弹跳力和控制球的能力。

5. 补篮

补篮是指投篮未中，球刚从篮圈或篮板弹出时，在空中运用单手或双手将球托入或拨入篮圈的投篮，是一种无明显持球动作直接用力投篮的方式。补篮时，队员应根据腾空后，人、球、篮的相对位置、高度、角度以及防守情况，灵活地选择补篮的方法。以下是两种基本补篮方法：

单手补篮：（以右手为例）准确判断球反弹的方向和高度，及时起跳，尽量伸展身体和手臂，用右手的腕、指力量触球，并用托球、点拨球的方法将球投向篮圈。

双手补篮：球反弹方向在头的正上方时多采用双手补篮。起跳后，双手触球后可用拨球的方式将球投向篮圈，其他动作与单手补篮基本相同。

第五章　数字化背景下篮球运动战术的
教学与训练

第一节　战术基础配合

篮球战术基础配合是全队战术的基础。在比赛中，攻守双方为了在对抗中达到制约和战胜对方的目的，都要采用各种不同形式的全队战术行动，而这些全队攻守战术都是由一系列不同形式的战术基础配合的集合所构建的。有专家指出"如果把全队战术比喻成一张网的话，战术基础配合就是这张网上的各个结合点"。战术基础配合也是技术与战术相互联系的纽带，是技术运用的重要组织形式。在比赛中，许多攻防技术的组合和运用都是以战术基础配合的形式来体现的。

因此，在篮球课中，加强篮球战术基础配合的教学与训练，不仅有利于学生更好地学习与掌握各种全队战术配合，同时对增强学生的篮球意识与战术素养，发展学生机动灵活的攻防能力都具有重要的意义。篮球战术基础配合包括进攻战术基础配合和防守战术基础配合两个部分。

一、进攻战术基础配合

进攻战术基础配合是全队整体进攻体系的重要组成部分，也是构成全队进攻战术配合的基础与基本内容。只有熟练、全面地掌握各种进攻战术基础配合，才能更好地学习与掌握、运用各种形式的全队战术方法。

1. 进攻战术基础配合的概述

进攻战术基础配合是进攻队员两、三人之间为了创造攻击机会，合理地运用各种进攻技术在局部区域而组成的配合方法。

进攻基础配合可分为传切、策应、掩护和突分四种。这些配合方法的运用，在比赛中具有双重功能，它们既可作为独立的战术手段在比赛中随机地运用在进攻过程中，同时也可作为全队整体进攻战术构成的基本要素，在进攻中具有重要的特殊地位。这些配合方法既可以在两后卫队员之间或两前锋队员之间进行，也可以在前锋与后卫，前锋或后卫与中锋之间进行配合。在运用中具有发动突然、方法简练，不限区域，配合时间短、灵活机动的特点。但由于结构简单，就某一单个配合方法来讲，配合中的变化相对有限，因此，全面掌握各种进攻战术基础配合方法，把它们有机地结合起来运用，才能最大限度地发挥进攻战术基础配合的作用。

进攻基础配合一般是由两、三名进攻队员参与组织的。从配合形式来看，往往是由持球队员与一两名无球进攻队员之间不同技术运用的具体过程所构成，也可在无球队员之间组织进行（如无球队员之间的掩护配合）。其配合的实质，可以说是持球队员的技术运用与无球队员的技术运用的组合，通过这种组合去创造或寻求攻击的机会。

由于进攻战术基础配合是进攻队员在比赛过程中瞬间捕捉或利用出现的进攻机会的一种随机进攻行为，进攻基础配合的运用在很大程度上与队员对运用时机的准确把握相关。

进攻基础配合运用时机的把握、运用的效果，取决于运动员的意识和个人的技术能力，以及对时间和空间关系的准确把握。现代篮球比赛由于防守的积极性、攻击性、贴身紧逼能力的不断加强，在进攻中，单纯依靠个人能力摆脱对手，接球或展开攻击已经是十分困难的，在很多时候必须借助同伴的协助寻找机会，同伴间的协作配合尤为重要。所以说，进攻基础配合的熟练运用也是进攻队员战术素养、配合能力，临场应变技艺的综合体现，而且对培养队员的配合意识，移动摆脱技巧、战术思维习惯、保证个人特长和全队技术、战术特点的发挥也有重要的意义。

2. 进攻战术基础配合的教学

（1）教学建议

1）战术基础配合的教学，应安排在攻守技术教学之后进行。在教学中，应先组织进攻战术基础配合的教学。在复习进攻基础配合内容的同时，组织防守基础配合内容的学习，使防守战术基强配合的教学更具有针对性，为学习全队整体战术配合打好基础。

2）组织进攻基础配合的教学时，应遵循战术教学的步骤，首先通过讲解与示范，使学生了解配合的概念、运用时机、配合方法和要求。重点分析配合时机的捕捉和利用、配合条件的选择以及队员之间配合动作的协同和应变等。使学生建立战术配合的完整概念，再通过练习掌握配合的人、球移动路线、配合时间等配合方法。在此基础上进一步学习配合的变化，以及在对抗与比赛情况下提高配合的运用能力。

3）进攻基础配合的教学顺序应是：先教传切配合，再教突分配合，后教掩护配合，最后教策应配合。在进行传切配合时，应先教纵切，后教横切，策应配合先教二人配合，再教三人配合。掩护配合的教学顺序为：先教无球队员之间的掩护，再教无球与有球队员之间的掩护；先教原地掩护，后教行进间掩护。

4）在教学中应抓住重点内容进行改进提高，以点带面。传切配合应强调如何摆脱对手及传球技术的运用，重点抓正面（纵切）和侧面（横切）的配合。突分配合重点掌握突破分球的时机，传球方法及切入队员的路线。掩护配合中应重点抓侧掩护配合，强调掩护动作、位置、距离、角度等因素以及掩护后转身和移动路线。策应配合重点抓中锋的策应配合，强调中锋策应技术的运用以及外线队员与中锋的配合方法。

5）在选择练习时，应遵循从易到难、从简到繁的训练原则。例如，学习掩护时，先教给持球同伴去做侧掩护，再教给不持球同伴的掩护和运球中掩护。逐步增加对抗性的练习。在掌握基本的配合方法之后，以巩固提高配合质量与配合效果。

6）在教学训练中加强教学管理，对每个细节都应严格要求，重视学生配合意识的培养，强调配合时机、注重配合质量与配合效果，以增强学生的战术素养和战术意识。

（2）教学组织

进攻战术基础配合的教学内容主要有：传切配合，掩护配合，策应配合和突分配合。在教学组织时应遵循进攻战术基础配合的教学安排顺序，合理地组织好教材内容，使学生更好地掌握各种配合方法。

1）传切配合的教学。传切配合是持球队员和无球队员之间通过传球和切入所构成的一种进攻配合形式。配合方法主要有一传一切和空切两种。

2）掩护配合的教学。掩护主要有侧掩护、后掩护、前掩护三种不同形式；在教学与运用中又可分为给有球队员的掩护和给无球队员的掩护。

3）策应配合的教学。策应配合根据策应的位置可分为内策应与外策应（也称低位策应和高位策应）。

3. 进攻基础配合战术的训练

（1）进攻战术基础配合训练要点

1）在训练中，应重视配合意识的培养，提高协作精神和配合能力。强调配合的节奏与变化，根据队员的训练水平与训练任务，逐步提高训练要求，不断提高队员的应变能力。

2）在训练中，应根据战术配合方法的技术要求，狠抓基本技术，如移动摆脱、假动作、传接球、持球突破、投篮技术等，注意增加练习的数量，提高练习质量。重视配合技术的练习，不断提高队员配合技术的运用能力。

3）在训练中，应重视假动作与变化能力的训练、强调配合时机、配合意识、配合能力和应变能力的训练与提高。

4）应狠抓困难条件下的练习与提高，把进攻战术基础配合与全队进攻战术有机地结合起来，通过教学比赛来巩固，提高配合的质量。

5）练习方法要从教学对象的实际情况和实战需要出发，注意根据教学对象的具体条件和特点进行训练。任何一个练习方法都要考虑时机、方向、地点、条件，动作和变化以及突然性、合理性等诸多因素。

（2）进攻基础配合战术训练方法

1）传切配合的练习。传切配合是学习与掌握其他战术基础配合方法的基础，具有配合简洁、突然，攻击性强的特点；在训练中，要求切入队员要根据临场情况掌握切入时机，将假动作与速度结合，快速摆脱防守，传球队员要利用瞄篮、突破、运球或假动作吸引，牵制对手，及时准确地将球传给同伴。传切配合的训练还应加强与其他配合的结合，提高队员运用传切配合的应变能力。

2）掩护配合的练习。掩护配合的形式和方法很多，通常从组成掩护配合的行动看，一是掩护者主动给同伴做掩护，使同伴借以摆脱防守。二是摆脱者主动移动，利用同伴的身体位置将对手挡住，使自己摆脱防守。掩护时，要强调掩护配合的时机、移动路线，被掩护的队员要隐蔽行动意图与方向，运用假动作吸引对手。同时，加强掩护配合应变能力的训练。

（3）策应配合的练习

策应配合练习时，要求策应队员应积极抢占有利位置，接球时两脚开立，用身体和躯干将对手挡在背后，两手持球于胸前，两肘外展，注意保护好球；接球后，随时观察场上情况，判断好主攻与助攻的时机，处理好内外结合的关系；在策应时要用转身、跨步，假动作及时调整策应的方向和位置，以便协助同伴摆脱防守，增加策应的变化与成功率。

（4）突分配合的练习

突分配合方法主要有两种：一是运用突破压缩对方守区，传球给外围队员投篮。二是突破后传球给空插队员或中锋投篮。进行突分配合的训练时，强调突破时重心下降，侧肩护球，动作要突然，快速而有力，突破中随时观察场上攻守队员行动和位置的变化，既要做好投篮的准备，又要及时，准确地传球给摆脱后处于空位的同伴；其他同伴员要把握时机，及时摆脱对手，迅速抢占有利位置接球攻击。

二、防守战术基础配合

防守战术基础配合是防守队员在全队整体防守行动中，在局部区域为了破坏对方的进攻配合所运用的两、三人之间的协同防守方法，它是全队防守战术体系十分重要的组成部分。

1. 防守战术基础配合的概述

防守战术基础配合是为了破坏对方的进攻配合，或当同伴防守出现困难时，及时地给予协助，相互合作共同完成防守任务的配合方法，防守基础配合是组成全队防守战术的基础。

防守基础配合是在局部区域上展开的防守配合行动，是由两、三人参与的一种对进攻队员的各种进攻行动所实施的一种协同的控制和制约，具有小组配合的性质。

现代篮球比赛中变化最为突出的是防守技术和战术的发展。防守技术的发展又很大程度上依赖于防守配合的提高。在现代篮球比赛中防守更加凶狠、拼抢更加积极、对抗更加激烈，这些发展的前提是防守配合的大量使用。比赛中可以随时看到协防、补防、关门和夹击。运动员熟练地运用这些配合来破坏和制约对方的有效进攻，甚至使进攻频频出现错误，防守基础配合在篮球比赛中的作用越来越显重要。

防守配合是同伴间积极合作，为争取主动，破坏对方进攻配合的协同防守行动。随着现代篮球个人攻击能力日益加强，在比赛中单靠一对一防住对手已经是非常困难的事情，进攻队员之间频繁地配合，给防守造成巨大的压力，必须靠同伴间的协同行动，才能有效地制约对方。防守战术基础配合又是整体防守战术的基础，它对培养队员观察判断能力，增强配合意识、变被动为主动、提高整体防守质量有重要作用。

防守基础配合的方法主要有挤过、穿过、绕过、换防、关门、夹击、协防、补防等内容。在比赛中，挤过、穿过、绕过配合是专门用于破坏对方掩护配合时所采用的一种积极有效的配合方法。其共同点是，配合前后始终保持防守对手不变。交换防守配合是对付进攻队员掩护配合时所采用的一种防守配合方法。通常运用于被掩护队员不能及时地采取挤过或穿过配合时，防守掩护的队员通过及时的喊话呼应，迅速与同伴交换防守各自的对手，以达到破坏对方切入或摆脱行动。交换配合方法简单，但对配合时机的掌握要求较高。在比赛中，当对方进行掩护配合时，如一味地采取交换配合，有时会发生个人防守力量上的失衡。如造成小个防大个，内线防外线的局面。为了能有效地避免这一局面发生，在防守时通常采用挤过、穿过、绕过等配合以继续保持防守各自原来的防守对手。

防守基础配合的攻击性在于积极主动地破坏对方的习惯配合，最大限度地控制对方队员的活动和队员之间的联系。防守基础配合的质量好坏，取决于个人防守能力和协同防守的意识。

从全队整体防守的角度来看，防守战术基础配合虽然参与具体配合行动的是两，三名防守队员，但实际上，防守在局部对持球进攻队员的进攻行动进行各种防守配合行动的同时，在其他区域上的防守队员也要进行一些相应的轮转换位和位置的调整行动，以控制无球区进攻队员的各种行动。所以从严格意义上讲，任何一种防守战术基础配合的运用，都是一种全队的防守行动，是局部对球的控制和对无球进攻队员及无球区域的控制的一种统一，这也是防守战术基础配合的特殊性所在。

2. 防守战术基础配合的教学

（1）教学建议

①在防守基础配合的教学与训练中要严格要求，在提高个人防守能力的基础上掌握防守基础配合的方法。注意配合中位置的选择与调整，时间要合理及时。

②根据教学计划，可把挤过配合、穿过配合和交换配合作为主要教学内容，夹击配合和关门配合与补防配合作为一般教学内容，其他教材内容可根据教学安排，作为学生的自学内容。

③防守基础配合的重点应首先抓好"关门"、"挤过"、交换防守等配合。在进行的防守战术基础配合教学时，应先从配合的动作方法，移动路线以及防止对手移动摆脱防守接球等各种练习开始，然后再进行两、三人配合的练习。

④在选择练习时，应遵循从易到难、从简到繁的训练原则。例如，学习掩护时，先教给持球同伴去作侧掩护，再教给不持球同伴的掩护和运球中掩护。又如防守配合，先教"关门"和"挤过"，再教交换配合。练习中要选择典型实例作为重点练习内容。配合人数先两人后三人的配合。由原地到行进，最后攻守结合。教防守时，从先消极逐渐过渡到积极，最后在近似比赛或教学比赛中，通过比赛对抗，逐步提高防守的配合质量。

⑤在组织防守基础配合的教学时，要与进攻基础配合结合起来进行练习，由固定到变化，由消极到积极，由局部到全部，由个体到整体，逐步提

高防守基础配合的运用能力，并将不同的防守基础配合有机地结合起来进行练习，增强队员的配合意识和应变能力。

（2）教学组织

防守战术基础配合的教学组织与安排，可先学习挤过配合，然后再教补防、"关门"配合，最后教交换、穿过、绕过配合与夹击配合等，也可根据教学计划安排与教学实际需要进行适当的调整。

1）挤过、穿过，绕过配合的教学。挤过、穿过、绕过配合是用于破坏对手掩护配合的积极有效的方法之一。其共同特点是，配合前后始终保持防守对手不变。在教学中应抓住这一配合特点，使学生正确掌握各自不同的配合方法，明确配合要求，强调运用时机，提高运用效果。

2）交换配合的教学。交换防守配合是对付进攻队员掩护配合时所采用的一种防守配合方法。通常运用于被掩护队员不能迅速地运用挤过或穿过配合时，防守掩护的队员通过及时的喊话呼应，及时交换各自的防守对手，以达到破坏对方切入或摆脱行动。

3）"关门"配合的教学。关门配合是临近的两名防守队员协同防守突破的配合方法。当进攻队员运球突破时，防守突破的队员向侧后方移动挡住其移动路线，临近突破一侧的防守队员，应及时快速向突破队员的前进方向移动，与突破的队员靠拢，像两扇门一样地关起来，堵住突破者的前进路线。

4）补防配台的教学。补防配合是两名防守队员之间的一种协同配合方法。当同伴被突破时，临近的防守队员立即放弃自己的对手，去补防那个威胁最大的进攻者，漏人的防守队员则要及时换防。

5）夹击配合的教学。夹击配合是指防守队员利用或迫使对手运球停止时，突然快速上前与同伴一起限制对手的活动或封堵传球的一种配合方法，该配合具有较强的攻击性，常在紧逼人盯人战术和带有夹击式的联防防守时运用。

3. 防守战术基础配合的训练

（1）战术基础配合训练要点

1）在复习提高进攻战术基础配合的过程中，有意识地组织防守战术基础配合的训练内容，促进攻守战术配合的有机结合。

2）在训练中，重视队员防守基础配合的意识培养。在教不同的防守战术基础配合时，要使学生了解完成配合的不同环节、配合条件、地点，时机，技术动作及队员之间的协同配合动作和应变方法等。

3）在训练中，应重点应抓好"关门"、"挤过"、交换防守等配合。可先从配合技术和移动路线以及移动中摆脱防守接球等各种练习开始，然后进行两、三人配合的完整练习。

4）要重视与加强防守配合技术的训练，如挤过的跨步，穿过的后撤抢步，夹击的身体动作与手的动作、关门时的侧跨步抢位等。严格技术规格、强调技术动作的力度与动作幅度；提高完成动作的速度。

5）练习中要选择典型实例作为重点练习内容。配合人数先两人后三人的配合。由原地到行进，最后攻守结合。进行对抗性的训练时，从先消极逐渐过渡到积极，最后在近似比赛或教学比赛中，通过比赛对抗，逐步提高防守的配合质量。

（2）战术基础配合训练

具体的练习包括：

1）挤过的动作练习。

2）穿过配合的辅助练习。

3）防守运球掩护的挤过与穿过动作练习。

4）防守无球掩护时的挤过、穿过与绕过和交换防守配合练习。

5）防守掩护的两人配合练习。

6）半场防守掩护后运球突破练习。

7）半场二对二交换防守配合练习。

8）防守掩护配合的综合练习。

9）全场二对二交换防守的配合练习。

10）围夹中锋的练习。

11）防守突破的关门配合练习。

12）三人轮转补防练习。

13）二人补防练习。

第二节 快攻与防守快攻战术

一、快攻战术

快攻战术的运用体现了当代篮球比赛的风格和进攻战术的发展趋势，反映了篮球运动的快速，灵活，全面，准确的特点，它对培养篮球运动员良好的心理素质和积极主动、勇猛顽强的作风，提高运动员的体能和技术运用能力，发展和增强篮球意识，提高进攻战术的质量都具有十分重要的作用。

1. 快攻战术的概述

快攻是指在由守转攻时，攻方获球后以最快的速度，在最短的时间内组织快速攻击，力争获得人数、位置、时间、空间的优势与主动，快速果断完成攻击所采取的一种特殊战术形式；快攻具有发动突然，攻击迅速，成功率高，不确定性的特点。快攻战术的核心是，争取时间，创造战机，速战速决。在比赛中，充分发挥快攻的威力，不仅能破坏对方固有的防守体系，增加更多的得分机会，给防守造成很大的压力，并能增强本队的信心和勇气，争取场上的主动权，收到良好的进攻效果。

快攻是篮球比赛最早运用的一种进攻战术。早在1893—1895年美国就盛行的一种偷袭快速进攻，即固定一个人在前场准备接球长传快攻。这种长传快攻是建立在抢到后场篮板球和罚球不中抢球后一传到前场的基础上发展起来的。1894年，由于规则中实行了中圈跳球规定，1896年就有了跳球配合，这种配合最早起名为"人在球前的配合"，逐渐演绎成跳球快攻战术。1937—1940年，实行投篮和罚球命中后由对方在端线掷界外球继续比赛，改变了过去投中和罚中球后都必须在中圈跳球继续比赛的规定。因此，抢发端线界外球的快攻在跳球快攻的基础上发展起来。后来，为了获得更多的防守反击快攻机会，加强了对篮球防守及战术的重视和研究，防守的攻击性和破坏性越来越强，抢断越来越多，以抢断为基础的抢断快攻在比赛中频繁出现，占据了越来越重要的位置。随着快攻战术的发展，它已成为现代篮球进攻战术中最锐利的武器，也是最有效的反击得分手段。

根据快攻的战术结构，快攻战术的组织形式主要有，长传快攻与短传结合运球突破快攻和个人突破快攻等方法。在比赛中，当抢获后场篮板球时；抢、打、断球时；跳球后获球时；以及掷后场端线界外球时等情况下都是发动快攻的时机。其中，抢断球快攻是发动快攻的最好时机，也是快攻成功率最高的一种战术方法；抢获后场篮板球是发动快攻的主要来源，在很大程度上直接决定一个队快攻战术组织的数量，对快攻的质量也有直接影响。

长传快攻是指防守队员在后场获球后，通过一次或两次传球，直接将球传给快下的进攻同伴直接攻击的一种快攻形式，其特点是：突然性强、进攻时间短、速度快、战术组织简单，一旦发动不易防守，是一种成功率较高的快攻战术形式。但要求快下队员意识强、速度快，发动队员传球要及时，准确，视野开阔。长传快攻从战术结构上分为发动和结束两个阶段。由于长传快攻结构相对简单，也同时决定了它在战术上所具有的弱点和缺陷，攻击力相对单薄，直接参与快攻的人数少，结构简单，攻击阶段缺乏战术上的变化。长传快攻的配合形式主要有：抢篮板球后的长传快攻；掷后场端线界外球的长传快攻；断球后的长传快攻。从技术层面上来看，长传快攻的配合主要体现在快速条件下队员的传球和接球的准确配合。

短传结合运球突破快攻是快攻战术运用的主要组织形式，是当防守队获球后，通过快速地传球或运球突破结合短距离的传球，迅速地将球推进到前场，快速地形成合理的攻击队形所展开攻击的一种快攻方式。这种快攻具有灵活、机动、多变的优点，参加配合的人数多，容易造成以多打少的局面。它也经常与运球突破结合运用。

短传结合运球突破快攻与长传快攻相较，在战术结构上较为复杂，一般包括，发动与接应、快攻的推进、快攻的结束三个阶段。发动与接应是快攻组织的重要环节，特别是由守转攻后，队形的分散和一传的速度非常重要。快攻的发动是指队员获球后的第一行动，它是快攻战术能否展开的首要环节，也是快攻组织的关键。快攻接应是指在快攻时，进攻队员及时快速地选择有利位置接第一次传球的配合方法。接应是快攻战术的重要环节。接应的方法包括固定接应和机动接应两种方法。固定接应又有固定区域固定队员的接应，固定区域不固定队员的接应，固定队员不固定区域的接应等形式。快攻的推进阶段，指快攻发动与接应后，至快攻结束前中场配合的阶段。在此阶段快下队员应保持前后左右的纵深队形，以快速完成推进。推进形式有传

81

球、运球以及传球与运球突破结合推进。快攻结束阶段是指，快攻推进到前场完成最后攻击阶段的配合，它是快攻成功与否的关键。快攻结束阶段的配合方法主要有以多打少、人数相等等多种形式。

个人突破快攻是指队员抢断球或抢篮板球后，抓住战机，快速超越对手直接运球突破到篮下展开攻击得分的一种快攻形式。它具有突然性强、方法简练，机动多变的特点。要求队员具备强烈的快攻意识，顽强的敢打敢拼的比赛作风，高超的个人突破技术与强攻得分能力。

2. 快攻战术的教学

（1）教学建议

1）快攻是全队进攻战术的重要内容，也是比赛中全队战术运用的首选战术方法。因此，一般应安排在攻、防战术基础配合之后进行教学。

2）快攻的战术教学步骤可采取完整地讲解与示范；分解（段）进行发动与接应、推进与投篮训练；先掌握结束段的配合方法，即以多打少，后人数相等和以少打多的配合；然后再学习快攻的发动与接应，最后组织全队完整快攻配合的练习，并逐渐增加防守和对抗难度；在比赛实践中运用提高的程序组织教学。

3）教学中应先教长传快攻，再教短传结合运球快攻；先教快攻的发动与接应，再教快攻的结束段，最后学习快攻推进与全队配合。

4）快攻战术教学应先在固定形式下练习快攻的基本方法，逐步过渡到机动情况下练习，先从无防守再过渡到消极防守，直至在积极防守情况下进行练习。

5）全队快攻战术配合可先教抢篮板球后的快攻，再教断球快攻、掷界外球快攻；可先从区域联防发动快攻开始，然后在人盯人防守情况下进行，最后在接近比赛形式下进行。

6）快攻教学应以抢后场篮板球发动快攻、短传与运球结合的推进、以多打少的结束段为教学的重点。

（2）教学组织

快攻战术的教学组织主要是依据快攻的战术的基本形式与组织结构所进行的，分为长传快攻的教学和短传结合运球快攻的教学两个部分。

3. 快攻战术的训练

（1）快攻战术训练要点

1）树立快攻新观念。在快攻战术训练中首先要清楚了解现代快攻的特点，明确和掌握当前世界强队快攻发动及组织形式的特点，确立以快速技术为基础的快攻观念。

2）结合当前快攻战术的发展特点和本队的实际情况，设计本队的快攻战术体系。

3）快攻战术的训练中，要反复强化快攻意识的培养，把战术训练与技术、身体素质训练和思想作风的培养等紧密结合。

4）在训练中要突出重点，对接应分散、快下、跟进以及跑动路线和前后层次等要有明确要求；重点抓好中路推进的分球与突破，加快推进速度；结束阶段要抓好三攻二和二攻一等配合，提高快攻的质量与成功率。

5）在掌握快攻战术方法的基础上，强调提高全队的攻守转换速度，做到队形分散快，快下队员跑动快，后线队员跟进快。

6）培养快攻欲望，突出快速风格。培养运动员快攻的"强烈"愿望，首先在跑动速度和运、传、投各个环节上突出一个"快"字，确立快速风格的指导思想，并统一到教练员所制定总体计划上。从思想、作风、体能和技术上都突出快速风格，上下一致，全力以赴，落实训练。

7）从比赛的实际出发，强化快速风格，快攻风格的重要基础是快速技术和快攻战术意识，需要在多年的训练中逐步养成。教练员要在训练和比赛中要利用一切可能的机会耐心进行培养。抓住每一次训练和每一次快攻的机会进行磨炼，反复强化。

8）提高快速技术一定要同时提高队员的反应速度、起动速度、位移速度和动作速度，只有在每个环节上突出快，才能达到训练的效果。因此，教练员必须要求运动员每一个练习、每一场比赛都要全力以赴，尽最大的力气，在高速度、高强度对抗中完成。

9）训练方法的选用，对有一定训练水平的队员可重点加强一对一和二对二的快速技术训练，结合守转攻和阵地进攻战术组织训练；加强比赛训练法的运用。可运用"加分""扣分"等特殊规定激励运动员，增强快速意识和快速技术。

10）在教学与训练中，应把快攻与防快攻结合训练；把快攻训练与阵地进攻战术衔接阶段的训练相结合。

（2）快攻战术训练方法

1）快攻的快速技术训练。快速技术是组织快攻战术的基础，也是影响快攻战术质量的重要因素。无论是在快攻战术教学或快攻战术的训练中都应重视和加强队员快速技术的训练，这也是篮球快攻训练的重要内容，对全面发展队员的竞技能力具有积极的意义，快速技术的训练要强调以最快的速度完成技术动作，并达到熟练、自如、实用、准确。并把快攻意识的培养与技术、身体素质的训练和思想作风的培养等紧密结合。

2）长传快攻的练习

具体的练习包括：

①全场接长传球上篮的练习。

②全场长传快攻的配合技术练习。

③防守下的长传快攻练习。

④结合防守的长传快攻练习。

3）短传结合运球快攻的接应与推进练习

具体的练习包括：

①抢篮板球—传接应的练习。

②连续插边接应运传球练习。

③抢篮板球—传接应的练习。

④二对二抢篮板球转快攻—传的结合练习。

⑤全场练习接应传球推进上篮的练习。

4）快攻结束段以多打少的练习

具体的练习包括：

①半场二打一的练习。

②半场三打二的练习。

③全场二打一的连续转换练习。

④结合抢篮板球后的全场二打一练习。

⑤全场快攻三打三的练习。

⑥三人转换快攻二攻一的练习。

⑦全场三人二打一的练习。

⑧快攻结束段二打一转三打二的练习。

⑨半场二对二转全场追防快攻反击的练习。

⑩全场传接球上篮转换成三人快攻的练习。

k全场三打二转三打三快攻练习。

5）全队整体快攻的练习

具体的练习包括：

①全场五人快攻的完整练习。

②由守转攻全场五人快攻练习。

二、防守快攻战术

防守快攻是全队防守战术体系的组成部分。篮球比赛的速度不断加快是当前篮球运动发展的特点之一，掌握防守快攻的战术方法。能制约对方的进攻速度为本队按计划有组织地实施有效的防守阵式争取时间。

1. 防守快攻战术的概述

防守快攻是由攻转守的瞬间，全队有组织、有针对性地阻止和破坏对方快攻的防守战术方法。它是全队防守战术体系的组成部分。

现代篮球比赛速度不断加快，快攻意识增强，攻守速度加快，快攻得分比重增大。正确地掌握和积极运用防守快攻战术在比赛中尤为重要。防守快攻战术是在积极防守的思想指导下，强调整体布防，队员各司其职，行动一致，积极主动地从不同位置上全面追堵，阻止与破坏对方快攻。防守快攻战术的运用，不仅能制约对方的进攻速度，有利于控制比赛节奏，也为本队按计划有效地组织防守阵式争取时间。

防守快攻首先要在防守时尽量减少失误与违例，不给对方偷袭快攻的机会，同时要掌握好投篮时机，布置队员积极拼抢篮板球和退守，注意攻守平衡。进攻投篮后，立即积极组织拼抢前场篮板球，既可能获得再次进攻的机会，同时也有利于立即转入封堵对方第一传的防守。

一旦对方抢到篮板球或掷界外球时，要防止对方长传偷袭快攻。积极进行堵截、夹击与控制，破坏和干扰其传球或突破，力争制止对方发动快攻。这也是防守快攻战术配合的关键。

防守快攻战术的实施，是通过封堵对方第一传，阻截接应队员，干扰其向接应区移动，抢占其习惯的接应点；积极追防快下队员和在中场堵截、干扰，阻挠对方使其不能顺利地传球和运球，延缓快攻速度而达到破坏对方快攻的目的。在防守中，力争防守人数上均等，即使以少防多，也要求做到沉着冷静、机智果断、大胆出击，赢得时间上和人数上的优势。对对方在任何位置上的投篮，都要积极进行干扰和封盖，影响其命中率，并要积极拼抢篮板球。

快攻防守战术的运用相对于阵地防守而言，难度较大，特别是防守抢断球发动的快攻。防守快攻的运用更强调全队强烈的快攻防守的意识，快速有序的集体战术组织，其全队战术行动是通过在不同区域和不同时段同步展开的。从防守快攻的战术环节来讲，最为关键的是攻守转换的瞬间对持球进攻队员一传的封堵或运球突破过程中突破路线的卡堵，最大限度地限制其一传和推进的速度。同时，要求其他队员快速退守，退守过程，边退边防；参与退守的人越多，退守的速度越快，对于快攻防守的效果也就越好。

2. 防快攻战术的教学

（1）教学建议

1）防守快攻战术的教学要与队员的由攻转守快速转换意识的培养结合起来，与快攻战术教学结合进行，一般应先组织快攻战术的教学，之后再进行防守快攻的战术教学，以有利于队员正确掌握其战术配合方法，促进攻守质量的提高。

2）在防守快攻战术教学的初学阶段，首先应把防守快攻的方法与基本要求讲述清楚，使学生对防守快攻有初步了解，能合理地使用防守技术。

3）防守快攻教学应采用分解法，把堵截快攻第一传与接应，防守对方推进，防守结束阶段分别进行教学，在掌握各阶段的防守方法基础上，再进行整体防守战术的教学。应注意由易到难逐步增加进攻难度；在比赛实践中运用提高。

4）在防守快攻的教学训练中应以一防二，二防三作为练习的重点。在整个教学训练的过程中，应始终注意加强拼抢篮板球，封一传、堵接应，防运球突破，补防，以少防多等防守技术和配合的训练，提高防快攻的质量。

（2）教学组织

防守快攻的教学组织是按照战术的基本结构组织安排的。

3. 防守快攻战术的训练

（1）防守快攻战术训练要点

1）在训练中，不断强化快速攻守转换意识。把拼抢前场篮板球与积极退守紧密衔接结合，做到反应快，起动快、全场领（追）防，多人退守，紧逼控球队员，积极封扰抢断，尽量避免以少防多的局面发生。

2）防守快攻的训练应与比赛作风的培养紧密结合；树立和磨炼坚韧不拔的意志品质和顽强拼搏的作风，反复跑动，积极干扰，永不言弃，再坚持一下的努力，力争主动。

3）防守快攻训练要与快攻训练密切结合。防守总是以快攻为对象在对抗中进行的，针对快攻在各个环节的运动规律，在对抗中相互促进，现时提高攻、防能力。

4）防守快攻战术的训练，应针对快攻特点组织模拟防守重复训练、在组织快攻练习的情况引导下进行一防一、二防二和三防三的防守快攻的技术训练、结合由守转攻和阵地进攻战术训练、有针对性地组织比赛训练。

5）通过教学竞赛，不断提高防守快攻的质量，促进防守快攻战术能力的提高。在防守快攻的教学训练中，应始终注意培养学生防守快攻的意识，加强队员的专项身体素质的训练。

6）采用五人防快攻训练时，要提高集体防守的攻击性和控制对方进攻速度的能力，以及攻守转换速度。

（2）防守快攻战术的训练方法

1）抢篮板球和封堵一传与接应的练习

拼抢前场篮板球是破坏对方快攻战术组织最有效的方法；封堵一传与接应则是破坏对方快攻发动的关键，它们是防守快攻战术方法的基本内容，在训练中必须给予重视，并可结合加以训练。在训练中，应狠抓战术意识与拼抢能力，强化由攻转守时对球的控制、干扰、破坏一传与接应能力的提高，把强化意识与行动转化结合起来。

2）防守快攻推进与结束段的练习

在防守快攻推进与结束段的练习中，应抓好队员的快下意识，强调快下速度，重点提高队员以少防多的能力。

第三节　攻防人盯人战术

一、人盯人防守战术

1. 人盯人防守战术的概述

人盯人防守是以盯人为主，每名防守队员严密盯防自己的进攻对手，兼顾球的位置和所在的防区，做到人、球、区兼顾，并与同伴协同配合而实现全队防守任务与目的的一种全队防守战术方法，是篮球全队战术体系的重要组成部分。人盯人防守战术也是现代篮球比赛中运用最多，最重要的战术方法之一。

据史料介绍，人盯人防守战术是篮球运动最早产生的一种防守战术。早期的人盯人防守是全场人盯人，1897年出现于美国，它要求每名防守队员负责防守自己的进攻队员，无论进攻队员跑到哪里，都要像胶水一样"黏"住对手，使对手不能运球突破、传球和投篮得分，这种防守也被称为"胶水式"盯人防守。当时，这种人盯人防守战术仅限于个人行动，每名防守队员相对孤立，缺乏防守的整体性，容易被对方各个攻破。随着篮球运动的不断发展，个人防守能力的不断提高，全队配合能力的大大增强，促使现代人盯人防守战术有了很大的发展，防守的主动性与破坏性更强，战术手段更加丰富、战术方法更加合理，战术运用更加广泛，从而增强了现代篮球运动攻守对抗的激烈性和观赏性。

人盯人防守战术可分为半场人盯人防守战术和全场紧逼人盯人防守战术两大战术体系。这两种战术体系具有各自的战术配合方法，但防守的侧重点，都是以对人的控制为重点，兼顾球和区的控制。两种战术系统的主要区别在于对人的控制范围，一个是在全场范围展开的人盯人防守，而一个则是退回到本方后场，在半场范围内展开的人盯人防守。人盯人具有相对固定的防守对象，在防守过程中主要是以对自己所防守对象的控制为主。不论是防守持球的进攻队员，还是防守无球的进攻队员，首要的前提是必须尽最大努力严密控制自己所防进攻队员的各种进攻行动。但是，人盯人防守战术又不能将其简单地理解为一个防一个，并非仅是只要防住自己的对手。人盯人防守战术体系，在对具体的防守对象的控制过程中，防守有球和防守无球之间、不同的防守区域之间强调相互紧密联系，以防人为中心，结合对球和无球的各种有威胁的移动和攻方各种进攻配合行动的综合控制和破坏，共同形成一种严密的整体防守体系。人盯人防守的优点是分工明确，能发挥队员防守的积极性和提高防守的责任感；针对性强，能根据彼我双方特点分配防守任务，机动灵活地调整防守部署，控制对方的进攻重点。它的主要缺点是易被对方在局部地区各个击破。

半场人盯人防守战术，是指球队在前场进攻时投篮的球中篮或进攻违例或犯规等转换球权后，放弃前场的防守，迅速退回后场，每名队员负责以盯防分工的防守对手为主，兼顾对球和区的控制，与同伴协同配合所进行的一种防守战术。它是人盯人防守战术体系中最具代表性和运用最普及、实用性最强的一种防守战术方法，也是篮球运动中最基础的全队防守战术。这种战术分工明确，责任到位，针对性强，便于队员掌握。它能有效地控制对方进攻时的习惯打法，充分发挥队员的个人防守能力，调动个人防守的积极性。比赛中，防守队员可根据人、球、区的不同位置及其他同伴和对手情况，随时调整防守位置，使自己始终处在最佳的防守位置上，并合理运用防守战术基础配合与同伴构成一个整体防守系统。

根据防守的范围和防守的重点，半场人盯人防守可分为半场扩大（紧逼）人盯人防守和半场缩小（松动）人盯人防守两种。半场扩大人盯人是一种带有紧逼性的防守方法，主要以争夺球为目的，封堵、切断对方的传球路线，阻止三分投篮。这种防守方法主要是针对对方外线投篮比较准确，个人突破能力以及全队的整体进攻配合质量相对较差的球队采用。防守的范围一般在8～10米，力求有效遏制对方的外线进攻，打乱对方的行动计划。同时，半场扩大人盯人也用于加强外线防守，切断内外线之间的联系，使进攻中锋没有获得球的机会，破坏对方内外结合的习惯打法，造成对方心理的紧张，并及时组织夹击控球队员，迫使其传球失误，为抢，断球发动快攻创造机会。

半场缩小人盯人防守是一种相对较松动性的防守方法，重点是加强对进攻队内线队员的防守，这种防守方法主要是针对对方外线投篮准确性相对较差，而个人的突破和内线的攻击能力较强的球队采用。防守的范围一般在6～7米，是以加强内线防守，控制限制区附近为目的的针对性极强的防守方法，有利于保护篮下。对以外线突破和内线进攻为主的球队防守效果明显，可以有效地抑制其进攻的节奏。同时，非常有利于控制防守篮板球，为发动快攻创造条件。

全场人盯人防守战术，是指在由攻转守的过程中，守方以最快的速度，在全场范围内找到每一名防守队员具体分工防守一名进攻队员，并在防守过程中根据球和攻方无球队员的各种变化，通过各防守队员之间和各防守区域之间紧密、协调配合，在全场范围内综合、全面地对攻方的各种进攻行动进行积极主动的控制和制约的一种整体的防守战术。具有运用突然，气势强悍，加强前场和中场的争夺，防守的攻击性较强。由于全场人盯人防守战术在战术结构上的一些特殊要求和战术系统在功能上所显现出的一些特点，也将全场人盯人防守战术称为全场紧逼人盯人防守战术。

人盯人防守也有它自身的弱点和战术上的缺陷，主要表现为防守的队形相对分散，防守的位置和区域的变化较大，进而给整体的协防带来一定的难度，容易被进攻队在弱点位置和区域上击破。

随着现代篮球运动的发展，人盯人防守战术方法与战术理念都得到了很大的发展。战术内容更加丰富，防守的攻击性和破坏性得到加强，各级球队都把它作为重要的战术方法和手段在训练和比赛中加以运用。从当今世界篮球比赛来看，尽管综合防守的趋势有所发展，半场人盯人防守依然是各队的主要防守阵式。

2. 人盯人防守战术的教学

（1）教学建议

1）人盯人防守战术的教学，应以半场人盯人防守为主。首先组织半场人盯人防守战术教学，从个人脚步动作、防守技术运用及防守战术基础配合抓起，在此基础上进行全队防守战术配合的教学。

2）可运用录像、战术沙盘、图表或黑板等手段，对人盯人防守战术方法，战术原则进行讲解、演示，使学生建立完整战术概念，明确战术方法和战术运用的基本要求。

3）先教半场缩小人盯人防守战术，再教半场扩大人盯人防守战术，再进行全场人盯人防守的教学。

4）半场人盯人防守的教学，应先学习局部防守战术配合，即先教强侧的防守配合，再进行弱侧防守配合的教学，然后进行全队整体防守配合练习。

5）全场人盯人防守应安排在半场人盯人防守教学之后进行，与进攻全场紧逼人盯人防守教学结合起来。

6）全场人盯人防守重点学习前场和半场的紧逼防守方法；先进行两、三人配合练习，后进行全队战术配合练习。

7）在教学与训练过程中要加强个人防守能力与提高防守基础战术的练习；加强攻守转换速度的练习和前场紧逼防守与夹击、补防的练习。

8）在教学与训练过程中，要加强身体素质的训练，尤其是速度和耐力的训练；加强学生勇敢顽强、坚韧不拔的战斗作风和意志品质的训练。

9）最后在半场或全场的对抗练习中掌握和提高全队防守战术配合的方法和能力，在教学比赛中提高和培养学生的实战对抗能力和意识。

（2）教学组织

人盯人防守战术的教学组织，主要包括半场人盯人防守与前场人盯人防守两部分。

3. 人盯人防守战术的训练

（1）人盯人防守战术训练要点

1）在训练中，积极贯彻以防"人"为主的防守原则。严防对手，对持球队员采用平步近身或贴身紧逼防守，扩大防守面积，封盖投篮，干扰传球，堵截运球，及时追防。

2）半场人盯人防守训练的重点强调以盯人为主，人球兼顾，注重协防；在盯人时要根据球在场上的位置，随时调整防守对手的位置、距离。

3）在训练中，强调对无球人的防守采用"错位"抢前防守，做到人、球、区兼顾。

根据对手距球的远近抢占有利的位置，控制对手接球，堵截其向球移动

91

和空切篮下的路线，积极破坏无球队员的配合行动，减少进攻队员获得接球的机会。

4）在抓好个人防守的基础上，加强防守基础配合与协防、补防的训练，以增强队员的挤过配合意识与能力。

5）加强防守的针对性训练，有计划地安排对进攻队的重点攻击区与攻击点的防守训练。如采用缩小人盯人防守对方中锋篮下强攻和外围运球突破能力强时的防守配合训练。当对方篮下攻击能力不强，外围投篮准时，采用扩大人盯人防守的半场紧逼防守训练。在防守过程中都应加强防守的伸缩性与应变性训练。

6）训练中，应强调对内线的防守以破坏其接球为重点。根据中锋进攻的特点合理地采用绕前防守或围守中锋的防守方法，其他队员及时轮转补防。

7）对全场紧逼人盯人防守的技术训练重点在高强度的防守能力与专项身体素质的保障。其中个人防守能力中的快速移动防守能力与身体对抗能力是保证全场紧逼人盯人防守战术的基石。

（2）人盯人防守战术训练方法

1）半场人盯人防守战术的练习。

①移动选位的防守练习。防守的选位与移动是掌握半场人盯人防守战术的基础，通过此环节的训练，使队员明确防守对手在运用中的基本要求，提高队员个人防守技术的运用能力，为学习全队人盯人防守战术打好基础。

②局部防守配合的练习。局部防守的配合练习是全队防守战术的一部分，可根据本队的具体防守战术方法在练习中提出相应的要求，掌握配合方法，提高配合质量，逐步与全队防守战术相衔接。

③全队五人完整战术配合练习。组织完整战术配合练习时，应根据本队战术的安排，按照半场扩大（缩小）人盯人防守的战术要求，侧重组织练习，逐步掌握半场人盯人防守战术方法。

2）全场紧逼人盯人防守战术的练习。

3）局部防守配合的分解练习。全场人盯人紧逼防守是通过在前场、中场、后场的不同区域实施的三个阶段的防守而进行的全队防守战术配合。因此，训练中也应遵循这一规律，分区分阶段进行训练，组织练习。

4）全队整体防守战术的练习。全队整体防守的练习是学习与掌握全队战术方法的重要环节，在练习中，可根据队员的训练水平，提出练习要求，改变练习条件，逐步地过渡到正常条件下的攻守对抗练习，掌握全场紧逼人盯人防守战术方法。

二、进攻人盯人防守战术

进攻人盯人防守战术是现代篮球进攻战术体系的重要组成部分之一，它是针对人盯人防守的特点、防守范围的大小及防守队员防守能力的强弱，并结合本队实际情况而制定的一种有组织的全队配合方法。比赛中，由于人盯人防守的普遍运用，进攻人盯人防守的战术方法也成为各级球队必须掌握的主要战术内容之一，以适应比赛中战术变化的需要。

1. 进攻人盯人防守战术的概述

（1）进攻半场人盯人防守战术

进攻半场人盯人防守战术是进攻队根据对方在前场不同的防守形式与防守特点，从本队的具体情况出发，最大限度地发挥队员的特点，通过一定的阵型，综合运用各种掩护、突分、传切和策应等基础配合所组成的全队进攻战术方法，是比赛中运用最多的一类进攻战术方法。

进攻半场人盯人防守战术是一种典型的阵地进攻。首先要求全队进入前场迅速地落位布阵，进攻的落位方法和阵型，强调以本队的身体条件和技术特定，以及对方的防守情况为依据进行合理地选择。进攻中常用的落位布阵方法有：一是单中锋落位，布阵形式有2—3、2—1—2、2—2—1等；二是双中锋落位，布阵形式有1—3—1、1—2—2、1—4等；三是马蹄形落位或用2—3落位，采用机动中锋的打法。

进攻半场人盯人防守时，不论采用何种形式的打法，其整体战术都是由传切、突分、策应、掩护等基础配合所组成。进攻的主要打法有：①以中锋为核心的进攻；②以外线为主的进攻；③以集体进攻为主的打法；④以移动进攻为主的打法。

随着当前半场人盯人防守战术运用愈趋频繁，个人防守能力不断增强，整体防守更加协调，现代篮球运动的对抗程度更加激烈。同时，也促进了进攻人盯人防守战术的发展，使进攻更讲求连续性和实效性，使进攻人盯人防守战术更加灵活机动，特别是现代篮球比赛中进攻半场人盯人防守战术运用的多样性、复杂性及打法的流畅性，凸显了进攻人盯人防守战术在现代篮球运动发展及其重要地位。

（2）进攻全场紧逼人盯人防守战术

进攻全场紧逼人盯人防守，是指进攻队根据防守队在全场范围内进行紧逼人盯人时所采用的进攻方法和行动，是篮球进攻战术系统中的一种全队进攻战术方法。

由于进攻全场紧逼人盯人防守战术是在全场的区域里进行的，因此，与在半场进攻的全队战术相比，无论是从时间、空间或战术难度上，都有相当大的差异。进攻全场人盯人防守时，整个战术过程可分为前、后两个阶段：前阶段是后场进攻，后场进攻时接应发球和推进是关键环节；后阶段是进入前场后的攻击，进攻方法与进攻半场人盯人防守相似，重要的是及时根据防守队形和场上情况，相应布阵后连续地、不间断地使用进攻人盯人的具体战术配合。

进攻全场人盯人防守的方法很多，从进攻的形式上可归为两类：一是快速进攻法；二是阵地进攻法。

2. 进攻人盯人防守的教学

（1）教学建议

1）应首先学习掌握半场人盯人防守战术，然后再学习进攻半场人盯人防守战术。开始练习时，要让每名队员了解全队的战术落位阵形，进攻时机，移动路线，主要攻击面和攻击点及变化规律。

2）应先在无防守和消极防守的情况下进行队员的战术分位练习，提高个人技术运用能力和基础配合的质量，然后进行全队战术配合练习，在此基础上加强防守，提高练习难度和对抗强度。

3）在实战中检验队员对全队战术方法的理解和掌握程度，通过比赛的信息反馈，不断总结分析，以此提高战术水平。

4）进攻全场紧逼人盯人防守的教学，应放在全场紧逼人盯人防守后进行。首先，要让学生了解进攻全场紧逼人盯人防守战术的特点和要求，了解全队战术配合方法，明确由守转攻时，队员的分工落位，进攻时机、移动路线、主要攻击面和攻击点及变化规律。

5）教学中应采用分解教学法分段教学，先学习前场和中场的配合方法，再学习整体战术配合方法。练习时，重点加强后场和中场的掩护，传切、突分和策应配合的训练，同时加强由守转攻时的反击速度和意识的训练。

（2）教学组织

进攻人盯人防守的教学，主要包括进攻半场人盯人和全场紧逼人盯人两部分的内容。

3. 进攻人盯人防守战术的训练

（1）进攻人盯人防守战术训练要点

1）结合本队的实际，加强配合技术的训练，重视不同形式下的传切、掩护、策应与突分等配合方法的练习，提高队员灵活运用两、三人战术基础配合的能力。

2）结合全队战术方法，加强局部配合的练习，把队员的技术特长与全队战术配合地结合起来进行训练。

3）重视攻守转换意识与转换速度的训练，特别是进攻全场紧逼人盯人防守的训练应与顽强的作风紧密相结合。

4）进攻人盯人防守战术的训练，应使队员明确全队战术配合的方法，以战术训练为中心，把身体、技术意识和作风融为一体，训练中严格战术纪律，加强战术运用变化能力的培养。

5）根据本队情况，组织多种的战术方法训练，以提高全队战术运用的应变能力。

（2）进攻人盯人防守战术训练方法

进攻半场人盯人防守的方法很多，但有其共同的特点，在训练中应根据本队的技术、战术特点，掌握多种进攻方法，针对不同的防守阵式合理地运用。

（3）进攻全场紧逼人盯人防守战术的练习

1）全队战术配合的分解练习。进攻全场紧逼人盯人防守的分解练习，应以提高攻守转换能力与抢发球和推进球为重点，加强分散快下，运球突破与传球快速推进等环节的训练。

2）全队战术配合的整体练习。全队整体战术配合练习是全队战术训练的重要环节，训练中应从无人防守—消极防守—再逐步过渡到积极防守中去，掌握配合方法，最后提高各种形式的对抗比赛，提高战术配合的质量，掌握战术运用的变化。

为增加进攻的难度，可在前场或中场增设一名防守队员，担负堵截、夹击断球任务。在训练过程中，对攻守双方的成功次数以及技术运用和配合上出现的问题进行临场统计，检查训练效果，以便对运动员及时给予鼓励并指出存在的问题。

第六章　数字化背景下篮球运动游戏教学与训练

第一节　篮球运动游戏概述

篮球游戏的内容丰富，形式多样，组织简便，氛围轻松，又由于其带有竞争性的因素，因此它对篮球教学训练有很大帮助，是篮球教学开始的热身运动或结束时的放松运动最好的选择。

篮球游戏大多是集体分队进行。篮球游戏在篮球训练中的意义在于，可以使球员通过游戏培养球员的集体主义精神；培养勇敢顽强的优良品德和作风；提高观察与判断能力；有利于篮球意识的强化和形成。这些都对篮球教学训练的顺利进行起着积极的作用。

一、篮球游戏的特点

篮球游戏是体育游戏与篮球训练的结合。因此，篮球游戏具备了篮球训练和体育游戏两方面的特点。除此之外，篮球游戏还具有一些专属于它自身的特点。

1. 目的性

篮球游戏的娱乐性和进行时的轻松氛围会让人容易忽略它存在的目的。它并不单纯是一项娱乐游戏，而是在游戏中蕴含着许多训练内容。例如，增强篮球球员的体质和篮球技能的提高就是篮球游戏的意义之一。

不同的篮球游戏拥有不同的针对性。有的篮球游戏针对运球能力的培养，有的针对传球能力的培养等。此外，篮球游戏还具有合理安排运动负荷的作用，如在进行了大运动量训练后，安排一些篮球游戏予以调整球员的体能。

2. 灵活性

篮球游戏的灵活性体现在游戏中的动作、路线、规则及场地器材都是根据参加者的实际情况进行设计、选择和变化的。其具体表现如下：

（1）篮球游戏中的动作，可以根据参加者的具体情况和不同要求作相应变化，可以是正常的跑、跳、投；也可以是变异的各种跑、跳、投；可以提出严格的动作规范，也可以淡化动作规范等。

（2）篮球游戏中的路线，可以根据参加者具体情况和不同要求作相应的变动，可以是直线、曲线也可以是弧线、螺旋线；可以一次直接到达终点，也可以几个人接力到达终点。

（3）篮球游戏中的规则，需要简明扼要，不宜过分复杂。篮球游戏的规则可根据篮球游戏的目的，对活动的路线作不同限制，能产生不同的游戏效果。

3. 竞争性

篮球游戏的竞争性可以体现在比体能、技能与智力，或者是比与同伴协作的能力，集体协作能力和应变能力等。除此之外，篮球游戏还可以使弱者有机会成为获胜的一方，这也给实力强的一方提出新的挑战，必须充分发动思维积极思考游戏规则等内容，把握游戏的本质，也能反败为胜，在篮球游戏中可以更好地挖掘人的潜力。因此，篮球游戏不仅能提高参与者的活动能力，还能培养创造思维能力。

4. 趣味性

趣味性是一切游戏的根本属性，这也是篮球游戏中的重要属性。由于篮球游戏本身所具备的趣味性和休闲性，因此它可使球员在轻松愉快的氛围中进行，这对于情感调节、放松身心，娱乐休闲，开展趣味性竞争都有着积极的作用。球员轻松、自由、平等地参加游戏活动，把注意力集中于活动过程的乐趣上，从而获得自由表现的机会，并使参与者拥有一种轻松愉快的心境。篮球游戏过程中的随机性、偶然性，会使游戏参加者产生浓厚的兴趣和愉快成分，满足人们情绪、情感上的需求，产生愉快的情绪体验，这也是篮球游戏的魅力所在。

二、篮球游戏的任务与要求

1. 篮球游戏的任务

篮球游戏也是篮球教学与训练的内容之一，它的任务包括以下几点。

（1）正确、熟练地掌握篮球运动技术和技能。

（2）力求吸引球员始终保持持久的兴趣和旺盛的求知欲。

（3）调节和提高球员兴趣，减轻疲劳感，提高教学训练质量。

（4）提高球员的感觉器官和机能的敏感性、稳定性与思维能力。

2. 篮球游戏的要求

篮球游戏已经成为现代校园篮球教学和篮球专业运动队中经常使用的活动方法。在进行篮球游戏教学与训练时，应注意以下几方面的基本要求。

（1）满足篮球教学训练的需要

在制定篮球游戏教学计划时，要考虑到游戏的内容和方法是否符合球员所处年龄段的生理、心理两方面的发展需要。与此同时，还不能忽视篮球游戏对篮球训练的辅助作用，使游戏紧密配合篮球教学的任务，通过游戏提高球员的技能。游戏的内容不要过于复杂，否则会对教学效果产生一定的影响。

（2）提高球员思维能力水平

通过篮球游戏，要充分发挥球员的想象力和创造力，发展思维，提高认识能力。做到这一点，要求教师在说教的同时，还要对球员进行积极的启发和诱导，从而提高球员的体力和智力水平，并有利于球员思维能力的形成和发展。

（3）加强球员的思想品德教育

篮球运动是一个五人参与的团队体育项目，因此集体协作的特点就是篮球运动的本质属性之一。所以，在组织篮球游戏时也需要特别注意在游戏中包含团队和集体的意义在内。

在游戏中，球员之间需要团结互助、协同配合，加强集体观念。教练在篮球游戏教学中要做到因人施教，根据计划按部就班地进行；要尊重、关心球员，成为球员的良师益友；要做到公正裁判，准确评定成绩等，通过篮球游戏加强对球员的思想品德教育。

三、篮球游戏的创编步骤与原则

1. 篮球游戏的创编步骤

（1）游戏任务的确定

作为一种具体游戏，篮球游戏的创编必须要有其具体的目的和任务。例如，为提高某项身体素质培养兴趣。

（2）游戏素材的选择

篮球游戏素材要根据游戏的任务从篮球运动本体内容中来进行选择。例如，学习篮球某项技术，可以以该技术动作为素材。

（3）游戏方法的确定

游戏方法通常包括游戏的准备，进行形式，队形及其变化、活动时间、空间地域范围、路线、接替方法和动作要求等内容。

（4）游戏规则的制定

制定游戏规则时，要注意正规的篮球规则的基本要求，要有利于运用技术与战术的规范要求，要明确合理与犯规、成功与失败的界限，制定出对犯规者的处理办法。另外，规则要有利于维护游戏的安全。

（5）游戏名称的确定

游戏名称要具有教育性、形象性、激励性和象征性，还要简单易懂，并能反映出该游戏的主要特点。

（6）游戏演示的示范

篮球游戏的创编，是为了更好地进行篮球游戏教学训练任务的进行，对游戏进行科学合理的示范和演试，是篮球游戏获得训练效果的基础。

2. 篮球游戏的设计原则

篮球游戏本身具有辅助教学的作用，这个观点已经开始逐渐被广大体育训练工作者认可和重视。随着篮球运动的不断发展、创新，随之而来有越来越多的篮球游戏被设计出来。一个好的，富有实效的篮球游戏的设计需要按照一定的原则进行，主要包括以下几点。

（1）针对性原则

篮球游戏的设计应注意遵循针对性原则。对游戏的设计为了符合这一原则，可根据本次教学和训练的目的和内容，球员的具体实际，教学训练的客观条件，如场地、器材、设备、天气等有针对性地设计游戏的内容、方法、规则，还可以针对不同的教育目的，有针对性地设计和选择不同的篮球游戏。

在篮球教学训练中运用和组织游戏的根本目的是使球员体能健康得到加强并有助于掌握技术，培养品质，发展与篮球有关的各种思维能力。因此。只有遵循针对性原则，教学训练的任务才能真正地落到实处。

（2）趣味性原则

趣味性是篮球游戏不同于篮球训练的根本因素，因此，设计篮球游戏时必须遵循趣味性原则。篮球游戏的趣味性更多地表现为具有较强的对抗、竞赛和竞争性。这种使人感到愉快的竞争、竞赛或对抗能有效地激发人的活力和潜在能力。

篮球游戏的趣味性，还在于设计者要设计和采用一些与日常习惯不同的动作、逐步提高难度的动作及难以协调的动作，或者还可以采用一些奇怪有趣的规则，使参与者能够全身心地投入到游戏之中，进而获得通过自己努力而取得成功的满足感。

（3）教育性原则

在设计篮球游戏教学活动中要考虑到它是否包含有教育性因素，即从游戏的设计，命名，形式，方法到具体要求，都要立足于它的教育价值，避免设计出的游戏过分强调趣味性。因此，在篮球教学训练游戏中，必须注意教育性原则。要重视培养参与者的道德品质、顽强作风、团结协作以及集体主义精神等。

（4）安全性原则

在设计篮球游戏时需要考虑到安全因素。开展篮球游戏一般会选择篮球场作为场所，篮球和标志杆作为器材，从表面上看是相对较为安全的，但在设计某些针对性强的游戏时，也一定要注意贯彻安全性原则，避免参与者受伤，保证其身体安全。

在以篮球运动技术、战术为素材的游戏中，球员往往会由于兴奋性高，出现不注重动作质量的问题。因此，在设计篮球游戏时尤其要注意从游戏规则上保证动作规格，控制过大、过猛动作的出现，使球员的精力全部投入做好游戏上面，从而达到学练统一的目的。

第二节　篮球运动单项技术类游戏

一、投篮类游戏

1. 投篮升级比赛

游戏目的：帮助学生在不同角度、不同距离的投篮中改进动作，提高投篮的命中率。

游戏准备：篮球场地1块，篮球2个。

游戏方法：在距投篮区5.5米处，设0°角、45°角、60°角、90°角五个投篮点。把学生分为人数相等的两队，分别成纵队站立于左，右两边的0°角上，排头各持一球。游戏开始，两队自排头起依次按规定要求进行投篮，逐一投完五个点，最先回原起点的队获胜。

游戏规则：必须投中才能到下一个点投篮。

游戏建议：可按规定时间，投篮中得多的队获胜。

2. 三分领先赛

游戏目的：锻炼学生的心理素质，提高三分球命中率。

游戏准备：篮球场地1块，篮球若干个。

游戏方法：把学生分为人数相等的两队，在两个0°角三分线外投篮，比赛的顺序是甲1、乙1；甲2、乙2；……先进5个球的一方获胜。

游戏规则：队员按顺序进行比赛，中途不得交换位置。

游戏建议：投篮点可改变，如在45°角处、弧顶处；可要求各队大声报出本队投中数，给对方增加心理压力，同时鼓励本队。

3. 抢投30分

游戏目的：提高学生快速投篮的能力。

游戏准备：篮球场地1块，篮球4个。

游戏方法：把学生分为人数相等的四个队，每两队用一副篮筐，各队在距篮圈5米的45°角纵队站好，排头各持一球。游戏开始，各队从排头起做原地跳投一次，罚球一次，自投自抢，无论投中与否，都要把球传给下个队员，依次按同样方法进行。按跳投投中得2分、罚球投中得1分的分值累计，直到投满30分，以完成的快慢排列名次。

游戏规则：

（1）严格限制投篮距离，跳投时的起跳点不能越过规定范围。

（2）不得故意干扰对方投篮。

游戏建议：根据学生的水平，教师可对投篮距离提出不同的要求或规定。

二、传球类游戏

1. 传球追逐

游戏目的：提高学生快速传接球能力。

游戏准备：篮球场地1块，篮球2个。

游戏方法：学生分为人数相等的两队，相互交错站成一个圆圈，圆圈的直径约10米～12米，每队各出一人手持一球背对背站立在圆圈中央。游戏开始，圆圈中的队员按同一方向传球给本队每一个人，该队的每个队员接球后又把球回传给圈中人，连续进行，两队所传的球互相追逐，超越对方的队获胜。

游戏规则：

（1）任何人不得故意干扰对方传球，否则算失败。

（2）圈中人只能在中圈内移动和逐一把球传给本队队员。

（3）传球失误或违例均算该队失败。

游戏建议：教师可规定传球方式。

2. 传球比多

游戏目的：提高学生在对抗中快速传接球的能力。

游戏准备：篮球场地1块，篮球1个。

游戏方法：学生分为人数相等的两队，比赛以中圈跳球开始，在整个篮球场内得球一方在本队队员之间连续传接球15次不被对方抢断，即得1分；如传接球未到规定次数而被对方抢断或自己失误，则取消已传次数，直到该队重新获得球再从头计起；在规定时间内得分多队获胜。

游戏规则：

（1）有球一方只能传球，不得运、投，带球走，否则算违规。

（2）抢断球时不得有犯规动作，否则抢到球无效，球交对方在犯规处重新开始比赛。

（3）同队之间传接球已超过规定次数，而球尚未被对方抢去，可继续传接得分。

（4）同队两人间传接球不得连续进行，否则所传违例。

游戏建议：教师可以根据游戏者的水平规定传接球的次数；也可不规定具体传接球次数，而改规定时间内传接球次数多的队获胜。

3. 迎面传接球

游戏目的：提高学生的原地传接球能力。

游戏准备：篮球场地1块，篮球2个。

游戏方法：将队员分成三人一组，①和③在罚球线延长线后，②在端线外，①持球。游戏开始，队员①传球给②，并从一侧跑到②后面，②接球后传给③，也从侧面跑到③后面，如此往返传接球，在规定时间内传接球次数多者获胜。

游戏规则：

（1）传球出手时不得踩线，不能边传边跑。

（2）传球方法可用双手胸前、双手头上以及反弹、体侧传球等方式。

游戏建议：教师可规定传球方式和增减传球距离。

三、运球类游戏

1. 运球相互拍打

游戏目的：帮助学生熟悉球性，提高控制球和保护球的能力。

游戏准备：篮球场地1块，篮球每人1个。

游戏方法：全体学生人手一球分散于半场（或三分线以内）内，自己运球并随时伸手拍打周围同学的球，同时注意保护好自己的球不被别的同学拍打。凡拍打到同学的球者得1分，被同学拍打到1次失1分，持续3分钟后统计各人得分，分数多者获胜。

游戏规则：

（1）只准在规定区域内相互拍打，否则算自动退出比赛。

（2）累计得分多者获胜。

游戏建议：可进行几个3分钟，以提高游戏难度；可在计算个人得分的同时计算全队得分，全队得分高者获胜。

2. 运球打擂

游戏目的：提高学生的控制球能力。

游戏准备：篮球场地1块，篮球每人1个。

游戏方法：将学生分成若干组，每组3人。守擂一组的同学分别在篮球场的三个圈内运球，打擂一组的同学每个圈内进一人运球，同一个圈中的两个同学在运球过程中相互拍打对方的球，拍打到对方的球算胜，胜方得1分。每一组得到两分以上算获胜，负方下去，再换一组，如此反复直到最后算守擂成功。

游戏规则：

（1）应主动拍打对方的球，不能消极进攻。

（2）运球相互拍打时不能出圈，否则对方得1分。

游戏建议：可以将拍打对方球换成摸对方后背；也可以将拍打对方球换成将对方挤到圈外。

3. 运球追逐

游戏目的：提高手脚协调配合，脚步移动和行进间控制球能力。

游戏准备：篮球场地一块，篮球6个或更多。

游戏方法：学生两人一组，每人1球，相互追逐，追上得1分。然后恢复到原来的位置上，换另一只手运球追逐，这样重复练习。在规定的时间内，得分多者获胜。

游戏规则：

（1）运球者只能在圈外运球追逐，不得踩线或进入圈内；凡出现1次踩线或进入圈内就算被对方追拍到1次。

（2）运球失误时要把球捡起来在失误处继续，此时追拍到前方者无效。

（3）必须用规定的手运球，否则追拍到前方者无效。

游戏建议：参加游戏的人数少，可只分两队进行对抗；参加游戏的人数多，可在球场的其他地方画几个同样大小的圆圈同时进行。

第三节　篮球运动身体素质类游戏

一、力量素质游戏

1. 推小车

游戏目的：发展学生上肢力量，提高身体的协调性，培养团结精神。

游戏准备：篮球场1块。

游戏规则：支撑前进的游戏者，两手必须超过中线或端线后，才能与对方交换。

游戏建议：根据学生的身体状况，可增加推车的距离。

2. 火车赛跑

游戏目的：发展腿部力量和动作的协调性。

场地准备：篮球场1块。

游戏方法：将队员分成人数相等的两队，各成纵队站在起点线后，每个队员都把自己的右（左）脚伸给前面的人。左（右）手用手掌兜住后面队员伸来的脚，右（左）手搭在前人的肩上。排头不伸脚，排尾兜脚，组成一列"火车"。听到出发口令，全队按照一个节拍向前跳动，排头可以走步。"车尾"先通过前场端线队为胜。

游戏规则：如遇"翻车"或"脱节"，必须在原地接好后方能前进。列车完整通过终点才能计成绩。

游戏建议：此游戏应根据队员不同条件来确定跳跃的距离。

二、速度素质游戏

1. 追捕

游戏目的：提高学生的移动速度和灵活性。

游戏准备：篮球场地1块。

游戏方法：游戏者全部分散在球场上任意跑动，指定其中两人为追捕手。游戏开始，凡是追捕手触及的人必须用一手按住被触及的部位继续跑动，避开追捕手的触及。如果他第二次被触及，就用另一只手按住第二次被触及的部位继续跑动。在第三次被触及时他就要退出场外，等到第二个退出场外的人一起组成新的追捕手（组），再去追捕其他人。在新的追捕手上场时，被原追捕手触及的人即可"解放"，跑动时一手或双手可不再按住被触及的部位，但若被新的追捕手触及则仍需要按住被触及的部位再进行跑动。

游戏规则：

（1）追捕手的手触及被追捕队员方算有效，不得推、抓、拍打人，否则罚其连续再追捕两人后方可替换。

（2）以球场为界，跑出球场算自动离场，按被第三次触及处理。

游戏建议：如果参加游戏的人数多，可分两队进行。

2. 追球比赛

游戏目的：提高学生的反应能力、起动速度和观察能力。

游戏准备：篮球场地一块，篮球1个。

游戏方法：把学生分为人数相等的两队，分别站于球场的两边线上，各队报数后每人记住自己的号数。游戏开始，教师把篮球投向篮板，同时高叫"×号"，两队中的"×号"队员立即起动跑出接篮板球。如果是甲队的"×号"队员先接住球则先得1分，同时该队员立即持球跑到该队队尾并依次由后向前把球传至排头。与此同时，对方未抢到篮板球的"×号"队员则徒手绕过本队队尾跑到排头处。如果甲队的传球先到则甲队再得1分，以2：0结束这一回合；如果是双方几乎同时到达又难以分清先后，则双方不得分，甲队则以1：0结束这一回合。然后教师再叫另一号数，游戏继续进行。进行若干次或若干时间后计算双方得分，分多者获胜。

游戏规则：

（1）跑的队员必须在本队队尾绕过去，跑到本队排头处。

（2）队员必须依次传球，不得隔人传球。

游戏建议：抢篮板球后可运球跑。

三、耐力素质游戏

1. 跑跳跟进

游戏目的：提高学生的有氧代谢水平。

游戏准备：篮球场1块，篮球2个。游戏方法：把学生分成3～10人为一队的两队，分别成纵队站立于篮板下左、右侧，两队排头各持一球。游戏开始，两队排头把球掷向篮板，随即原地跳起在空中接球，并把球再次投向篮板，其后一人跳起在空中接从篮板上反弹出来的球再把球投向篮板，其他人重复同样动作，每个人掷完后回到本队队尾，先到30次队获胜。

游戏规则：

（1）必须跳起连续在空中将球碰板才有效，否则取消已累加的次数，重新计算该队跳起打板碰板次数。

（2）不能落地，否则取消已累加的次数，重新计算该队跳起托球碰板次数。

游戏建议：可把两队分列于两端篮板下同时进行；提高游戏强度，可在球场另一端设一标志物，凡打板后必须跑步绕过标志物后方能回到该队队尾。

2. 淘汰赛跑

游戏目的：发展学生的速度耐力。

游戏准备：篮球场1个，画1个直径9～12米的圆，在圈外画一条线为起跑线。游戏方法：游戏开始，队员站在起跑线上。当教师发令后，可规定每人跑两圈，最后一个人被淘汰，其他人继续跑。然后再规定每人跑一圈，最后一个人被淘汰，其他人再继续跑。直到游戏进行到只剩6～8人跑时结束，最后剩下的6～8人为获胜方。

游戏规则：

（1）听到信号后才能跑。

（2）超越别人时，应从右边越过。

游戏建议：根据人数适当安排场地的大小和规定跑的圈数。

四、弹跳素质游戏

1. 双人蹲跳

游戏目的：提高协调性及下肢力量，培养相互协作能力。

游戏准备：在场地上划两条相距5米的平行线，分别为起跳线与折回线。

游戏方法：将队员分成人数相等的两队，各成两路纵队站在起跳线后。每队由第一组开始，两人背对背下蹲，并以两肘相拷，准备做蹲跳。游戏开始，听到口令后，二人同时协调用力向折回线跳进，跳过折回线后，再迅速跳回。以先跳回的组为胜，胜者得1分。游戏按照上述方法依次进行，积分多的队获胜。

游戏规则：

（1）必须二人者跳过折回线，才能折回。

（2）蹲跳时二人不得站起。

游戏建议：游戏前，应试做双人蹲跳动作。要求队员二人肘要拷紧，跳跃时要协调一致。可以轻声喊："1、2，1、2"以协调用力；双人蹲跳也可改为侧向的蟹行动作，即二人左、右脚同时依次向前走或跳进。

2. 双脚跳接力

游戏目的：提高学生跳跃能力和动作的协调性。游戏准备；篮球场1块，跳绳若干。

游戏方法：把学生分成人数相等的两队，分别成纵队站在篮球场的端线外，排头持绳做好准备。听到口令后，双脚跳绳到前场端线然后返回，把绳交给第二人者，第二人按同样方法进行。

两组都完成后，以速度快慢分胜负。

游戏规则：

（1）跳绳必须在端线以外。

（2）只许双脚跳，不许单脚跳。

游戏建议：如器材允许，每人一根跳绳；可采用其他跳法或几种跳法结合进行。

第四节　篮球运动综合能力类游戏

1. 绕队快跑

游戏目的：提高学生的注意力。

游戏准备：篮球场地1块。

游戏方法：把学生分为人数相等的两队，成两列横队站好，两队间相隔约3米。游戏开始，两队从排头队员起依次按如下规定快跑：从队列前跑过—绕过队尾经队列后—绕过排头返回自己原来的位置—紧靠其后的下一人起动，如此反复循环，直至全队每个人进行一次，以先轮完的队为胜。

游戏规则：

（1）必须按规定路线跑动，否则判其重跑一次。

（2）必须在前一人的双脚踏回原位置后，紧跟其后的下一人才能起动，否则判其返回原处重新起动。

游戏建议：若参加的人数多，可多分几队同时进行，以完成的先后顺序计成绩。

2. "关门"

游戏目的：提高学生的防守技术，培养相互配合意识。

游戏准备：篮球场地1块，篮球若干个，在场地上画几个与中圈等大的网。游戏方法：在每个圆心放一个固定不动的篮球，每组分防守4人和进攻3人站于圆圈外。游戏开始，在两分钟时间内，攻方利用身体假动作、转身、急停及各种脚步动作设法进入圆圈触摸球，而防守则通过快速地移动及相邻两人的"关门"配合不让对方进入圆圈内摸球,计攻方进入圆圈触摸球的次数。到规定的时间,两队交换位置,游戏重新开始。最后摸球次数多的队获胜。

游戏规则:

(1)只能依靠身体快速地移动来防守对方进攻,不能用手臂阻止对手。

(2)进攻方不能有推人动作。

3. 突围

游戏目的:提高学生的对抗力量、反应能力和灵活性。

游戏准备:篮球场地一块。

游戏方法:把参与者分为人数相等的甲、乙两队。先由甲队队员相互握手腕站成一个圆圈,把乙队全体队员围在圆圈内。游戏开始,乙队队员要设法从圈内挣脱出圈,甲队队员要设法组织防止对方从圈内向外突围。到规定时间为止,双方交换圈内外角色。一个回合后计算双方突围的人数,突围人数多的队获胜。

游戏规则:

(1)圈内的队员只能使用巧法而不是用手拉开对方握住的手腕突围,否则算犯规。

(2)圈外的队员可用握住的手拦住对方,但不可以松手抓对方,算犯规。

(3)若圈外队员犯规,算对方突围成功;若圈内队员犯规,则突围无效。

游戏建议:在参加的人数多的情况下,可分几个队同时进行。

4. 双人抢球

游戏目的:培养学生的抢球意识,提高抢球能力。

游戏准备:篮球场地一块,篮球每2人1个。

游戏方法:把学生分为人数相等的甲、乙两队,相距1米左右成横排站立。两队的队员间也相距1米左右。在甲、乙两队队员间放一个篮球;然后在教师带领下两队一起做操或小步跑,听到哨声响后同时去抢球,抢到球者获胜。胜次多的队获胜。

游戏规则：

（1）队员只准用手抢球，否则判为负。

（2）注意安全，如有意冲撞对方则立即判其出局。

游戏建议：两队面对面站立作商绕环，从正面抢球；两队背对背做腹背运动，从胯下抢球；两队面对面做深蹲，背对背原地小步跑，转体180°抢球。

第七章　数字化背景下篮球运动教学的考核与评价

第一节　体能的考核与评价

一、高校篮球体能教学训练考评的内容

具体而言，高校篮球体能教学一般由一级指标以及二级指标双重指标构成。而一级指标，主要包括体态、机能、运动素质乃至技能机能类指标之类。

1. 体态类指标

所谓体态类指标，也就是对运动员或者学习者外形的考核指标。这一点不仅在考核的时候十分重要，而且在对于篮球选材也有很重要的影响。具体而言，体态类指标的内容以及相应权重如下。

指标类别	指数范围	权重	说明
身高	男1. 75米以上；女1. 65米以上	0.5	青春发育期青少年应该结合其父母身高进行身高预测
体重	男75公斤以上；女60公斤以上	0.3	正式选材的时候，应注意其肌肉含量以及脂肪比例
胸围	男90厘米以上；女84厘米以上	0.1	结合肺活量检测进行
体型	手指长度、脚长、下肢长度、踝骨直径、骨盆发育等等	0.4	结合全身体检情况进行

表7-1　体态类指标以及相应权重

2. 机能类指标

所谓技能类指标，主要指的是运动机能类指标。

机能类指标是运动的基础，也是保证运动员进行正常运动的基础，一般而言，机能类指标主要测量的是与心肺功能有关的相应的指标，具体而言主要包括以下几类。

（1）肺部机能

主要包括肺活量、最大通气量等。

（2）心脏功能

主要包括最大心率等。

（3）身体恢复能力

主要包括肌肉恢复能力、运动创伤愈合能力等。

（4）骨骼自我修复能力

即在运动过程当中，骨骼受到轻微损伤后的自我修复能力以及愈后恢复能力等。

3. 运动素质类指标

运动素质指标主要以田径类的运动指标为主，具体包括以下几类。

（1）力量素质

人体无论想做什么动作，都必须要使用肌肉的收缩力量，这种力量使人体的基础生活能力得以维持下去，与此同时，其也是掌握运动技巧与机能，以及使运动成绩显著提升的重要基础条件。

力量素质指的是，人的机体，抑或是机体的某一部分肌肉在工作（舒张与收缩）时，克服内、外阻力的能力。由于所有的运动技能的掌握，都伴随着克服不同形式的阻力，因此，力量是进行运动的最基本的身体素质。

（2）速度素质训练

作为竞技运动中最基本的运动素质，速度具有非常重要的作用，因此，体能训练的一个重要任务，就是怎样发展速度素质，以及如何让其和专项技术有机结合在一起。

速度素质指的是，人体或者人体某个部位快速运动的能力，具体来讲，就是人体或人体某个部位，快速完成动作、做出运动反应及位移的能力。其应当包括三个方面的能力，具体为：快速通过一定距离的能力、运动时人体对各种信号刺激的快速反应能力与快速完成动作的能力。

（3）耐力素质训练

耐力素质指的是，在长时间进行工作或者运动当中，人体克服疲劳的能力，与此同时，其还是反映人体体质强弱，抑或是健康水平的一个重要标志。无论是进行哪一项运动项目，都需要具备相应的耐力水平，其中，表现最为突出的就是马拉松项目。运动员克服疲劳的能力，能够将其所具有的耐力水平显著的反映出来。

（4）灵敏素质训练

在各种突然变换的条件之下，人体快速、敏捷、准确、协调地完成动作的能力，被称为灵敏素质。其是人神经反应、运动技能，以及各种身体素质的综合表现，原因在于，无论是专项中的哪一个动作，都在不同程度上体现出了耐力、速度、力量与柔韧等素质。

灵敏素质的高低会由应答动作的熟练程度直接体现出来。虽然目前尚没有对灵敏素质进行客观衡量的标准，但是，可根据以下三点，来评定其发展水平。

第一，是不是能够具备快速的判断、转身、翻转、躲闪、维持平衡、反应的能力。

第二，是不是能够做到对自身身体进行自如的操纵，无论在什么条件之下，都可以将动作熟练、准确的完成。

第三，通过熟练的动作，是不是能够将速度（反应速度）、耐力、协调性、节奏感、力量（爆发力）等素质与技能综合地表现出来，客观实践证明，如果一个人具有高度的灵敏素质，那么其就能够对自己的运动器官进行随心所欲地控制，并且还能够将各种熟练、自如、准确的完成。

4. 技能类指标

篮球技能类指标及其主要内容如下表所示。

一级指标	二级指标	主要内容
篮球技能类指标	基础技能指标	1. 运球能力 2. 对墙抛接球能力 3. 防守能力 4. 三分球投篮技术
	专项技能指标	1. 各个位置上的抛接球运动 2. 连续投篮技术 3. 负重运球上篮技术

表7-2　高校篮球技能类指标及其主要内容

二、高校篮球体能教学训练考评的方法

高校看球体能教学训练考评的具体内容以及主要方法如下。

1. 身体形态考评

身体形态考评主要的主要内容以及相关指数如下表所示。

考评项目	定义	测量方法	说明
身高	人体高度	人站立时头顶正中线上最高点到地面的最大垂直距离	身高由于受到重力的影响，每天不同时刻数据也有不同，一般选择在上午10时进行测量
体重	人体的质量大小	在一定程度上可以反映人体的发育程度以及发育水平	测量体重的时候，衣着应该尽量简单，并且测量之前要排空大小便
胸围	胸廓大小的维度	直接反映人体发育的宽度以及相关维度	测量的时候，应该平静站立，自然呼吸
呼吸差	深呼吸吸气与呼气时候的胸围维度差距	最大吸气维度减去最大呼气维度差额	测量的时候，尺子要紧贴皮肤

表7-3　身体形态考评的主要内容以及相关内容

2. 速度素质考评

速度素质的考评以及相应的方式如下。

（1）三角折返跑

三角折返跑是考量运动员的综合素质的一项主要指标，一般来说，就是让运动员按照三角路线进行跑动，同时观察运动员的跑动姿势的同时进行计时。

（2）变距折返跑

变距折返跑，就是运动员在跑动过程中，按照教练指定的方式进行连续跑动。

3. 基本技能考评

基本技能的考评包括以下四个方面：

（1）外线接球突破。

（2）内线接球突破。

（3）梯形滑步。

（4）外线接球投篮。

4. 肌肉功能考评

（1）握力

所谓握力，主要指的是人前臂乃至手部肌肉力量。

握力在测试的时候一般采用握力器，在实际操作的时候，根据握力器的不同，采用不同的测试方法。

值得注意的是，在测试握力的时候，被测试者应该保证身体中轴与水平线垂直，两脚打开与肩同宽，同时两臂自然下垂。而且测试的时候，应该多次测量，去掉最高值和最低值之后，以中间值的最佳成绩作为测量结果。评价标准如表7-4所示。

年龄（岁）	1分	2分	3分	4分	5分
男（18~20）	310~360	361~410	411~485	486~539	540以上
女（18~20）	170~199	200~249	250~299	300~339	340以上
男（21~25）	310~360	361~410	411~485	486~539	540以上
女（21~25）	165~199	200~249	250~299	300~349	350以上

表7-4　握力测试评价参考标准/牛顿

（2）立定跳远

立定跳远测试是考评腰腹力量、下肢、协调性及身体跳跃能力的一种测试。

场地及工具：沙坑、丈量尺。

测试方法如下：

1）参与测试者站在测试线前方，两脚不能压线。

2）两脚同时发力，向前向上起跳。

3）根据起跳情况，丈量最近处落地点到测试线的距离。和握力测试一样，立定跳远也要多次测量。评价标准如表7-5。

表7-5　18~22岁男女立定跳远评分等级/厘米

性别	年龄（岁）	评分等级（分）				
		1（差）	2（下等）	3（中等）	4（良好）	5（优秀）
男	18	208.9以下	209.0~220.9	221.0~239.9	240.0~253.9	254.0以上
	19~22	212.9以下	213.0~225.9	226.0~244.9	245.0~257.9	258.0以上
女	18	150.9以下	151.0~163.9	164.0~180.9	181.0~194.9	195.0以上
	19~22	154.9以下	155.0~167.9	168.0~184.9	185.0~196.9	197.0以上

（3）1分钟立卧撑

立卧撑是测量被测试者综合肌肉耐力乃至身体灵活性的一种主要方式。

具体来说，在测试的时候，被测试者应该身体保持与水平面处置，之后双脚打开与肩同宽，随之屈膝下蹲，两手与肩同宽，两腿后蹬做俯卧撑最后还原成为直立姿势。一般来说，在测量的时候，应该以1分钟为单位，计量次数。评价标准如表7-6所示。

分值 性别	1（差）	2（下等）	3（中等）	4（良好）	5（优秀）
男	24以下	25～29	30～34	35～39	40以上
女	18以下	19～23	24～27	28～31	32以上

表7-6 1分钟立卧撑测试评价标准/次

（4）1RM测试

1RM测试简单说来被测试者一次性可以推举的重量，一般来说，具体有以下几种测试方式。

1）仰推。被测试者平躺在卧推凳上推举杠铃，测试者在一旁，进行保护，但是不对杠铃施力，以被测试者能推举的最大重量的杠铃作为被测试者的有效成绩。

2）肩上举。受试者两臂分开，保持双臂与肩同宽，然后将杠铃抬到肩膀上，掌心向上，之后慢慢放下，以被测试者能推举的最大重量的杠铃作为被测试者的有效成绩。

一般来说，在该项测试当中，应当注意以下几点。

第一，做好热身运动，防止运动伤害。

第二，量力而行，不能贪多。

第三，做好保护措施，最好有专业的保护器具保障。

评价标准如表7-7所示。

性别	练习方式	力量等级				
		1分	2分	3分	4分	5分
男	仰卧推举	50～99	100～110	110～130	130～149	149以上
	负重屈肘	30～40	41～54	56～60	61～79	79以上
	肩上举	41～50	51～67	68～80	81～110	110以上

表7-7 一次重复最大量测试中肌肉力量得分的标准/千克

续表

性别	练习方式	力量等级				
		1分	2分	3分	4分	5分
女	仰卧推举	41～69	70～74	75～80	81～99	99以上
	负重屈肘	15～34	35～39	40～55	56～59	59以上
	肩上举	20～46	47～54	55～59	60～79	79以上

5. 心肺耐力考评

（1）肺活量

肺活量是一种常用的反映呼吸机能的指标，它和身高、体重、胸围成正相关，人体的最大出气量被称为肺活量。

肺活量反映的是静态气量，与呼吸的深度有关。正常成年人肺活量，男性为4000～4500毫升，女性为2600～3200毫升，通常来说，体重和胸围大的人，肺活量也大。

测量肺活量时，被测试者站立，然后手握住肺活量计的吹气嘴，做最大吸气后对准肺活量计的吹气嘴做最大的呼气，直到不能再呼气为止。

每人可测量三次，每次间隔时间为15秒钟，受试者按指示器或显示器读数，选最大值记录，精确到10位数，误差不得超过200毫升。

肺活量的测量，一般要采用相应的仪器，测试的时候，一般要进行一到五次测量，每次测量要间隔15秒左右。

（2）12分钟跑

顾名思义，12分钟跑，指的是人被测试者在12分钟内的奔跑长度，但是在测试的时候，应当鼓励被测试者量力而行，避免造成运动伤害。

一般来说，12分钟跑的测试结果以及对应的体力程度由下表所示。

性别	体力划分				
	非常不好	不好	稍差	良好	非常好
男	1600以下	1600～1999	2000～2399	2400～2799	2800以上
女	1500以下	1500～1799	1800～2199	2200～2599	2600以上

表7-8　12分钟跑体力评价表/米

（3）台阶试验

所谓台阶试验，简单说来，就是在合适的台阶前面，组织被测试者进行快速踏步，计算每分钟踏步的次数。

台阶试验是一种简单的评价心血管系统机能的定量负荷实验，相关研究得出，心肺功能强的人比心肺功能弱的人在运动后3分钟恢复期内心跳频率低。

男子试验台阶高度为30厘米，女子试验台阶高度是25厘米，由于男女身高的不同，台阶可做适当的调整。

测试通常按下列步骤进行。

1）测试时找一个同伴，同伴可以帮助你保持适当的踏跳节奏。跳跃节奏为每分钟踏30次（上下），共3分钟，可以让同伴用节拍器或声音提示你。

所以，需要2秒钟上、下各踏一次（也就是说，把节拍器设置为每分钟60拍，每响一下踏一次）。

在测试对，应左右腿轮换做，每次上下台阶后上体和腿必须伸直，不能屈膝。

2）测试后，应立即坐下，并测量训练后1分钟至1分钟30秒、2分钟至2分30秒、3分钟至3分30秒等3个恢复期的心率。同伴帮助计时，并记录训练后的心跳次数。

测试的准确性在于你必须每分钟踏完30次，这样运动后恢复期内的心跳频率测量才是有效的。

根据测试的记录，按照下列公式计算评定指数。

评定指数=踏台阶上、下运动的持续时间（秒）×100/（2×3次测定脉搏数之和）。

台阶测试相关指数以及评分等级如下表所示。

性别	年龄（岁）	评分等级（分）				
		1（差）	2（下等）	3（中等）	4（良好）	5（优秀）
男	18．25	45.0～48.5	48.6～53.5	53.6～62.4	62.5～70.8	70.9以上
女	18～20	44.6～48.5	48.6～53.2	53.3～62.4	62.5～70.2	70.3以上
	21～25	44.5～48.3	48.4～53.0	53.1～62.0	62.1～70.0	70.1以上

表7-9　18～25岁男女台阶试验指数的评分等级

6. 柔韧性考评

柔韧性是保证篮球运动员在运动过程中不受或者少受伤害的一种必需的素质。从这个角度上说，柔韧性本身就是保证运动员顺利完成篮球动作的重要因素。

一般说来，柔韧性考评有以下几种方式。

（1）坐位体前屈

被测试者以坐姿接受测试，脚跟并拢，脚尖分开大概一拳到一拳半，上臂伸展，向前伸直胳膊。

坐位体前屈测试的时候应该注意以下几项。

1）测试之前充分进行热身。

2）避免大幅度运动。

3）腿部和手臂都保持伸直。

评价标准如表7-10所示。

年龄（岁）	柔韧性等级				
	1分	2分	3分	4分	5分
18～20（男）	−0.2～4.4	4.5～9.9	10.0～17.3	17.4～22.7	22.8以上
21～25（男）	−3.2～2.4	2.5～8.3	8.4～16.3	16.8～21.9	22.0以上
18～20（女）	−0.6～3.7	3.8～8.9	9.0～16.1	16.2～20.9	21.0以上
21～25（女）	−0.3～2.4	2.5～7.4	7.5～14.5	14.6～18.0	18.0以上

表7-10 坐位体前屈测试评价参考标准/厘米

（2）立位体前屈

被测试者双脚打开，与肩同宽，向下下腰，两腿伸直，用手臂碰触地面。立位体前屈测试的时候应该注意以下几项。

1）测试前应该进行适当的热身。

2）测试时上身与两臂要协调，避免拉伤。

3）测试的时候应该保证两腿要伸直。

评价标准如表7-11所示。

性别	年龄（岁）	评分等级（分）				
		1（差）	2（下等）	3（中等）	4（良好）	5（优秀）
男	18	4.2以下	4.3～9.9	10.0～16.4	16.5～20.9	21.0以上
	19～22	2.9以下	3.0～9.9	10.0～17.0	17.1～21.2	21.3以上
女	18	4.5以下	4.6～9.4	9.5～15.6	15.7～19.9	20.0以上
	19～22	3.7以下	3.8～10.3	10.4～16.6	16.7～20.4	20.5以上

表7-11 18～22岁男女立位体前屈评分表/厘米

第二节　篮球技术、战术的考核与评价

一、篮球技术、战术的考核与评价的内容

1. 教学训练目标的考评

教学训练目标的考评一般来说包括以下两个层面的内容。

（1）对教学训练目标制定是否合理化进行考评

所谓对教学训练目标制定是否合理化考评，指的是对教学目标的制定以及预测进行一系列的衡量和评价，并且结合相应的小范围测试，判断教学目标是否合理。

（2）对教学结果进行评价

对教学结果进行评价包含两层意思，一是对阶段性教学成果进行相应的评价，二是在学期末进行相应的评价。

2. 技术、战术掌握的考评

技术、战术掌握的考评主要包括技术掌握的考评以及战术掌握的考评两个方面，具体在操作过程中包括技术、战术测试以及技术、战术评定两个方面。

（1）技术、战术测试

技术、战术测试的内容主要由技术、战术达标测试，以及技术、战术水平评定两个方面的内容构成。其中，技术、战术达标测试指的是运动员在经过一段时间的运动之后，能够达到最基本的要求。

（2）技术、战术评定

所谓技术、战术评定，指的是将篮球运动的技术和战术分成若干的等级，按照一定评价方法和一定的规则，对运动员或者学生进行测试，尤其在测试的时候，应该注意投篮技术动作的规范性等各个方面综合考虑。

3. 理论知识掌握的考评

理论知识的掌握是科学进行篮球运动的基础，也是篮球运动考核的必备内容之一。

根据实践经验，一般来说，高校篮球专业知识的考核方式主要有笔试和口试两种。

（1）笔试

高校篮球笔试通常有两种形式，闭卷考试和开卷考试。闭卷考试主要针对记忆性的专业理论知识进行考察，以了解运动员对专业知识的掌握情况。

高校篮球开卷考试则主要对运动员运用知识、实践应用的能力进行考核。

（2）口试

高校篮球口试的范围较广，一般来讲更注重篮球队员综合能力的考察。

在制定口试考核内容的时候，应该注意，在口试的时候，不能死记硬背，而是应该在一定范围内制定口试内容，并且要注意在制定口试内容的时候，应该深入挖掘学生或者运动员对于篮球理论知识掌握的程度和广度。

4. 其他内容的考评

所谓其他内容，还包括运动意识、运动精神以及裁判能力等多方面因素的考评。

值得注意的是，在篮球运动考评过程当中，还要注意篮球运动员在运动过程中的整体的运动状态，尤其要注意运动员运动水平是否进步等多种因素。值得注意的是，无论是哪种考核，都要采取与运动员的状态以及现实情况一致的状态进行考核。

二、篮球技术、战术教学训练考评的方法

1. 篮球技术、战术教学训练的理论考评

（1）笔试

高校篮球技术、战术训练笔试一般采用开卷、闭卷两种形式。开卷考试主要考核学生自学理解能力、收集各种信息的能力，以及掌握知识面的广度；考察运动员分析、综合、灵活运用所学篮球理论知识的能力；考核运动员理解理论专业知识的深度和广度，以及分析问题的逻辑性、准确性和创新性。

高校篮球闭卷考试主要考评学生应掌握的专业理论知识及运用所学理论知识分析、应用、解决问题的能力，笔试试题应覆盖大纲规定的专业理论教材的基础内容。

笔试题型可选取多种形式的命题方法，比如：选择、填空、概念、鉴别、论述、计算、绘图和自我立论等题型。

高校篮球技术、战术课程变革不断深化的同时必然伴随着高校篮球专业知识考核的内容和方法的完善。不同层次高校篮球技术、战术课程教学对象不同、学时分配不同、课程所处位置和考核的分值权重不同，必须根据课程不同的教学标准选择不同的方法。

（2）口试

一般来说，高校篮球运动的口试大多是为了检验运动员对于技术、战术的基本了解乃至对于篮球学习的运动精神以及相应运动悟性等方面的考察。

在实际操作过程当中，口试一般采用抽签的方式进行，同时给学生一定的准备时间。

2. 高校篮球技术、战术教学训练的实践考评

一般来说，高校篮球技术、战术教学训练主要包括定量以及定性两个方面。

（1）定量指标

所谓定量指标，指的是可以用具体数量来衡量的指标，主要包括投篮命中率以及跳跃高度等等。

一般来说，在篮球运动评价过程当中，常见的定量指标是速度、高度以及准确度三类指标。

在实际操作当中，上述三类指标可以单独使用，也可以结合使用，一般来说，运球大多以速度指标进行考核；三步上篮大多以高度指标进行考核；投篮以及命中率大多以准确度指标进行考核，但是更多的时候是三者结合进行考核。

（2）定性指标

所谓定性指标，指的是在篮球运动当中无法采用具体数值进行评价，而是只能用其是否正确进行判断的运动。

适用于定性指标的评价方式主要有以下两种。

第一种是技术是否符合相应的技术规范以及动作规范。第二种是技术的熟练程度是否达到相应的标准。

参考文献

[1]冯俊祥.高校篮球运动教学训练管理研究[M].北京：中国书籍出版社,2013.

[2]维克托·迈尔·舍恩伯格,肯尼思·库克耶.《与大数据同行：学习和教育的未来》[J].考试：高考文科版,2015(9):91.

[3]胡弼成,王祖霖."大数据"对教育的作用,挑战及教育变革趋势——大数据时代教育变革的最新研究进展综述[J].现代大学教育,2015(4):7.

[4]孙民治.现代篮球运动教学与训练[M].北京：人民体育出版社,2003.

[5]周若松,王志娟.浅谈大数据对教育的影响[J].高教学刊,2015(13):2.

[6]吕德忠.高校现代篮球运动教学与训练[M].北京：北京体育大学出版社,2008.

[7]梁文鑫.大数据时代——课堂教学将迎来真正的变革[J].北京教育学院学报：自然科学版,2013,8(1):3.

[8]柯清超.大数据与智慧教育[J].中国教育信息化：基础教育,2013(12):4.

[9]张全宁,赵芳,赵映辉.篮球全队战术教学与训练[M].北京：北京体育大学出版社,2007.

[10]胡水星.大数据及其关键技术的教育应用实证分析[J].远程教育杂志,2015,33(5):8.

[11]童威,黄启萍.大数据时代教育的新图景与挑战[J].黑龙江科学,2018,9(7):2.

[12]刘震.现代篮球运动教学训练基础：负荷,体能与基本功[M].哈尔滨：黑龙江教育出版社,2007.